现代人力资源经济 与人才招募策略分析

李　迅　郭桐瑄　李晓兵◎著

吉林文史出版社

图书在版编目（CIP）数据

现代人力资源经济与人才招募策略分析 / 李迅，郭
桐瑄，李晓兵著 . -- 长春 ：吉林文史出版社，2024.
7. -- ISBN 978-7-5752-0432-3

Ⅰ . F243

中国国家版本馆 CIP 数据核字第 20249JS620 号

书　　名　现代人力资源经济与人才招募策略分析
作　　者　李　迅　郭桐瑄　李晓兵
责任编辑　张　蕊
出版发行　吉林文史出版社有限责任公司
地　　址　长春市福祉大路 5788 号
印　　刷　北京四海锦诚印刷技术有限公司
开　　本　710mm × 1000mm　1/16
印　　张　12.25
字　　数　199 千字
版　　次　2025 年 3 月第 1 版　2025 年 3 月第 1 次印刷
定　　价　58.00 元
书　　号　ISBN 978-7-5752-0432-3

前　言

在知识经济时代的浪潮中，现代人力资源经济已成为企业持续发展与竞争力提升的核心驱动力。人力资源不仅是企业运营的基本要素，更是推动创新、优化资源配置、提升组织效能的战略资源。随着市场环境的快速变化，如何高效管理与利用人力资源，成为企业面临的重要课题。人才招募作为人力资源管理的关键环节，直接关系到企业能否吸引并留住高素质人才，为企业的长远发展注入新鲜血液。有效的招募策略不仅能够帮助企业精准定位所需人才，还能通过优化招聘流程、提升候选人体验，构建积极的雇主品牌形象。

现代人力资源经济与人才招募策略之间存在着密不可分的联系。人力资源经济的核心理念在于最大化人力资本的价值，而人才招募则是实现这一目标的基础和前提。通过制定科学、合理的人才招募策略，企业能够吸引并会聚各类优秀人才，为人力资源的有效配置与高效利用奠定坚实基础，从而推动企业在激烈的市场竞争中占据有利地位。

本书首先概述人力资源的基础知识与发展演变，为理解现代人力资源管理提供了基础。其次分析现代人力资源的经济学原理，为管理决策提供理论支撑。立足于新经济时代背景，本书着重探讨知识经济、共享经济、数字经济和循环经济对人力资源管理创新的影响，展现了其在变革中的重要作用。同时，本书详细阐述人才招募策略，从招聘到甄选、面试再到录用管理与评估，提供了全面而实用的指导。最后结合大数据的发展趋势，探讨了数据驱动的人才招募策略，为企业实现高效精准的人才招募提供了有力支持。本书逻辑清晰，条理分明，内容丰富，涵盖了人力资源管理的多个核心领域和最新趋势，非常适合人力资源管理专业人士和企业管理者阅读。

本书的书写得到了许多专家学者的帮助和指导，在此表示诚挚的谢意。由于笔者水平有限，加之时间仓促，书中所涉及的内容难免有疏漏与不够严谨之处，希望各位读者多提宝贵意见，以待进一步修改，使之更加完善。

目　录

第一章 现代人力资源管理的基本分析

第一节 人力资源的概述

一、人力资源的基本概念

什么是人力资源？它是一种什么样的资源？它具备什么样的特性？它能为我们的社会经济生活和企业做出什么样的贡献？这些问题是我们首先需要弄清楚的。

（一）人力资源的内涵

1. 资源

《辞海》对资源的解释是：资财的来源，一般指天然的财源。联合国环境规划署对资源的定义是：所谓资源，特别是自然资源是指在一定时期、地点条件下能够产生经济价值，以提高人类当前和将来福利的自然因素和条件。上述两种定义只限于对自然资源的解释。

然而，资源的来源及组成，不仅是自然资源，还包括人类劳动的社会、经济、技术等因素，还包括人力、人才、智力（信息、知识）等资源。据此，所谓资源指的是一切可被人类开发和利用的物质、能量和信息的总称，它广泛地存在于自然界和人类社会中，是一种自然存在物或能够给人类带来财富的财富。或者说，资源就是指自然界和人类社会中一种可以用以创造物质财富和精神财富的具有一定量的积累的客观存在形态，如土地资源、矿产资源、森林资源、海洋资源、石油资源、人力资源、信息资源等[①]。

资源是一切可被人类开发和利用的客观存在。资源一般可分为经济资源与非

---

① 李燕萍，李锡元.人力资源管理［M］.3版.武汉：武汉大学出版社，2020：1.

经济资源两大类。经济学研究的资源是不同于地理资源（非经济资源）的经济资源，它具有使用价值，可以为人类开发和利用。彼得·蒙德尔的《经济学解说》将"资源"定义为："生产过程中所使用的投入。"这一定义很好地反映了"资源"一词的经济学内涵，资源从本质上讲就是生产要素的代名词。当代经济学家把资源分为以下四类。

自然资源：一般用于生产活动的一切未经人为加工的自然物，如未经开发的土地、山川、森林、矿藏等。

资本资源：一般用于生产活动的一切经人为加工的自然物，如资金、机器、厂房、设备等。人们并不直接消费资本本身，而是利用它去生产和创造新的产品与新的价值。

信息资源：指对生产活动及与其有关的一切活动的事、物描述的集合，与前两种资源不同的是，不具有独占性，而具有共享性。

人力资源：是与自然资源或物质资源相对应的概念，人力资源是生产活动中最活跃的因素，也是一切资源中最重要的资源。

2. 人力资源

究竟何为人力资源？学者从不同的角度给出了不同的定义，常见的有以下几种：

广义地说，智力正常的人都是人力资源。

从狭义上看，它有多种定义[①]：①人力资源是指能够推动国民经济和社会发展的、具有智力劳动和体力劳动能力的人的总和，它包括数量和质量两个指标。②人力资源是指一个国家或地区有劳动能力的人口总和。③人力资源是指具有智力劳动能力或体力劳动能力的人的总和。④人力资源是指包含在人体内的一种生产能力，若这种能力未发挥出来，它就是潜在的劳动生产力；若开发出来，就变成了现实的劳动生产力。⑤人力资源是指能够推动整个经济和社会发展的劳动者的能力，即处在劳动年龄的已直接投入建设或尚未投入建设的人口的能力。⑥人力资源是指一切具有为社会创造物质文化财富、为社会提供劳务和服务的人。

本书中的人力资源概念是指能够推动国民经济和社会发展的、具有智力劳动和体力劳动能力的人的总和。它包括数量和质量两方面的内容。主要涉及从事经济活动的企业（以及有关的公司、工厂等经济实体），并不专门论及其他社会活

---

① 胡君辰，郑绍濂. 人力资源开发与管理 [M]. 上海：复旦大学出版社，1999：1-2.

动（如医院、学校、农村的各种活动）及政治活动（如政府机关、社会团体等的活动）。因此，本书的人力资源是指从事经济活动的实体中的一切从业人员，包括普通工人、职员及专业技术人员、管理人员、高层领导等。

（二）人力资源与其他相关概念的关系

1. 人力资源与人口资源、劳动力资源、人才资源的关系

人口资源是指一定范围内的人口总体。定义中的一定范围即指一个国家或地区。人口资源主要体现为数量上的界定，是其他有关人的资源基础。劳动力资源是指一个国家或地区在劳动年龄范围内具有劳动能力的人口总和，即人口资源中在劳动年龄范围内且拥有劳动能力的那一部分人[①]。人才资源是指一个国家或地区中具有较强专业技术能力、创造能力、管理能力、研究能力的人的总称，突出体现为劳动力资源中比较优秀的那一部分人。广义的人力资源强调人们所具有的能够推动国民经济和社会发展的智力劳动和体力劳动能力，因此超出了劳动力资源的范围，涵盖了全部人口资源中具有劳动能力的人。

人口资源、人力资源、劳动力资源和人才资源四者之间的关系依次为包含关系和数量关系。人口资源是对一定范围内人口总量的界定，其中具有劳动能力的那一部分人就是人力资源，人力资源中处在法定劳动年龄段的劳动力人口即为劳动力资源，而人才资源就是劳动力资源中比较杰出和优秀的人才。人口资源和劳动力资源侧重定义人的数量和劳动者的数量，人才资源强调人的质量，广义的人力资源突出人口数量和质量的统一，狭义的人力资源更为侧重企业劳动力的素质。

2. 人力资源与人力资本的关系

人力资源与人力资本是两个密切相关但又内涵不同的概念，各自有着不同的理论体系，但在一些理论探讨和实践应用中经常被人们相提并论，所以我们有必要厘清和理解人力资源与人力资本的关系。

（1）人力资本的含义。西奥多·舒尔茨（Theodore Schultz）认为，人力资本以人为载体，表现为人的知识、技能、经验和技术熟练程度等，即表现为人的素质和能力，而人的素质和能力又是通过人力投资获得的。人力资本是对人力资源进行开发性投资所形成的，并以一定人力存量存在于人体内，可以带来财富增值

[①] 李燕萍，李锡元. 人力资源管理［M］. 3 版. 武汉：武汉大学出版社，2020：3.

的资本形式，即人们以一定代价获得的并能在劳动力市场上具有一种价格（或价值）的素质、能力和技能。人力资本较之物质资本具有其独有的特征：①不可视性，即人力资本以潜在形式存在于人体之中，只有通过劳动或生产活动才能体现出来；②收益递增性，即人力资本的产生过程和消费过程相统一，是一种具有收益递增性的高增值资本；③依附性，即人力资本依附于人的身体和物质资本而存在；④个体差异与私有性，即人力资本蕴藏于人体内，具有与人体的不可分割性，因此决定了它必然受人的心理、意识等多种因素的影响，从而具有异质性和私有性；⑤"用进废退"性，即人力资本兼有自我累积和闲置状态贬值的特点；⑥外溢性，即人力资本不仅影响到自身，同时还会影响其他变量；⑦社会性，即由于人力资本的载体——个人本身，生存于特定的社会环境中，它必然受到各种社会条件的制约。

（2）人力资源与人力资本的联系。从人力资源与人力资本的内涵看，人力资本的本质是对人这种经济要素资源进行投资、积累资本、获取收益回报的资本创造方式和过程。人力资本将人力资源——人的体质、智力、知识、技能、素质等，看作可以用来投资增值的标的物或资本的一种状态，通过对人力资源投资开发，提高体现在劳动者身上的体力、智力、知识和技能等人力资本品质与含量，再通过人力资本在生产劳动中的转换价值和收益递增性，最终带来资本增值。从人力资源与人力资本理论的联系看，先有人力资本概念和理论，后有人力资源概念和理论。人力资源是对人力资本内涵的继承、延伸和深化，人力资本理论是人力资源理论的基础。从人力资本到人力资源实际上是一个短暂的智力加工过程，前者是后者的重点和基础内容，后者是前者的继承和发展。现代人力资源理论以人力资本理论为根据，把人力资本的研究、分析问题的视角、内容体系推向纵深，二者关系密切。

（3）人力资源与人力资本的区别。①两者的理论视角不同。人力资源将人力作为财富的源泉来看待，从人的潜能与财富之间的关系角度来研究问题，强调人力作为生产要素在生产过程中的生产创造能力；人力资本则主要研究存在于人体中的能力和知识的资本形式，强调以某种代价所获得的能力或技能的价值，付出的代价会在人力资本的使用中以更大的价值得到回报。②两者的内容侧重不同。人力资本强调劳动的非同质性，研究人力的价值和增值的速度和幅度；人力资源除人力资本涉及的内容以外，还要分析人力资源的形成、开发、使用、配置、管理等多种规律和形式。③两者的量的规定性有区别。人力资源主要是存量含义，人力资本兼有流量和存量的概念特点。人力资源量的规定性表现为一定时间和空间内劳动力人口的数量和素质，人力资本量的规定性表现为投入于教育、培训和健康等的资本在人身上凝结的多少。④两者的内容广泛性和外延有区别。人力资源作为对具有劳动能力的人口的生产要素资源的研究，其经济学内容较之人力资本更为广泛且丰富。除此之外，人力资源的外延也要大于人力资本。

（三）人力资源的特征

人力资源是进行社会生产最基本、最重要的资源，与其他资源相比较，它具有如下八个特点。

1. 能动性

人力资源的能动性是指人在生产过程中居于主导地位。在生产关系中人是最活跃的因素，具有主观能动性，同时具有不断开发的潜力。人力资源的能动性包括以下五方面：①人具有意识，知道活动的目的，因此人可以有效地对自身活动做出选择，调整自身与外界环境的关系；②人在生产活动中处于主导地位，是支配其他资源的主导因素；③人力资源具有自我开发性，在生产过程中，人一方面是对自身的损耗，另一方面是通过合理的行为，从而得到补偿、更新和发展，非人力资源不具有这种特性；④人力资源在活动过程中是可以被激励的，即通过提高人的工作能力和工作动机，从而提高工作效率；⑤选择职业，人作为人力资源的载体可以自主择业，选择职业是人力资源主动与物质资源结合的过程。

2. 两重性

人力资源既是投资的结果，同时又能创造财富，具有既是生产者又是消费者的两重性。根据舒尔茨人力资本的理论，人力资本投资主要来自个人和社会双方，用于对人力资源的投资包括教育投资、卫生健康投资和人力资源迁移的投资，人力资本投资的程度决定了人力资源质量的高低。由于人的知识是后天获得的，为了提高知识与技能，必须接受教育和培训，必须投入财富和时间，投入的财富构成人力资本的直接成本（投资）的一部分。人力资本的直接成本（投资）的另一部分是对卫生健康和迁移的投资。个体的人由于投入大量的时间用于接受教育以增长知识和技能，也失去了许多就业机会和收入，这构成了人力资本的间接成本（机会成本）。从生产与消费的角度来看，人力资本投资是一种消费行为，消费行为是必需的，先于人力资本收益的，没有这种先前的投资，就不可能有后期的收益。另外，人力资源与一般资本一样具有投入产出的规律，并具有高增值性。因此，我们既要重视对人口数量的控制，更要重视对人力资源的开发和人才的培养，充分地利用和开发现有的人力资源，为社会创造更大的经济收益。

3. 智力性

人不仅具有能动性，而且拥有丰富的知识与智力。人把物质资料作为自己的手段，在改造世界的过程中，创造了工具，通过自己的知识智力，使自身能力不断扩大，创造数量巨大的物质资料。尤其是新科技革命的兴起，高科技的迅猛发展，人们视野的不断扩大，知识智力急剧发展，人们普遍认识到：只要敢于想象，勇于实践，就没有什么是不可能的。人力资源这种知识智力性表明人力资源具有巨大潜力。另外，人的智力具有继承性，这使得人力资源所具有的劳动能力随着时间的推移，还能得到积累、延续和增强。

4. 时效性

人力资源存在于人的生命之中，它是一种具有生命的资源，其形式、开发和利用都要受到时间方面的限制。从总体上看，作为生物有机体的人，有其生命周期，不能长期蓄而不用，否则会荒废、退化。而人能够从事劳动的自然时间又被限定在其生命周期的中间一段；在不同年龄段，能从事劳动的能力也不尽相同。从社会角度看，人力资源的使用也有培养期、成长期、成熟期和老化期；且不同的年龄组人口数量及其间的联系也具有时效性，因此，在进行人力资源的开发时一定要尊重其内在规律性，使人力资源的形成、开发、分配和使用处于一种动态的平衡之中。

5. 开发持续性

一般地，物质资源的开发只有一次、二次开发，形成产品使用之后，就不存在继续开发问题了。但人力资源则不同，使用后还能继续开发，使用的过程也是开发的过程，而且这种开发具有持续性。人在工作以后，可以通过不断的学习更新自己的知识，提高技能；且通过工作可以积累经验，充实提高。所以人力资源能够实现自我补偿、自我更新、自我丰富和持续开发。这就要求对人力资源的开发与管理应注重终身教育，加强其后期的培训与开发，不断提高其德才水平。尤其随着高新技术的深入发展，知识更新周期越来越短，知识老化率（速度）加快，人需要不断学习、充实和提高。

6. 再生性

经济资源分为可再生性资源与非再生性资源两大类。可再生性资源是在开发和使用过后，只要保持必要的条件，可以再生的资源；非再生性资源是不能依靠自身机制恢复的资源，其特点是在其使用中有可耗竭性，如矿藏。可再生性资源是在开发和使用后，只要保持必要的条件，可以再生的资源。人力资源是基于人口再生产和社会再生产过程，通过人类总体内各个个体的不断替换更新和劳动力消耗—生产—再消耗—再生产的过程实现的。人的再生性除受生物规律支配外，还受到人类自身意识、意志的支配，受到人类文明发展活动的影响，受到新科技革命的制约。

7. 时代性

人是构成人类社会活动的基本前提，一个国家的人力资源，在其形成过程中受到时代条件的制约。人从一生下来就遇到既定的生产过程和生产关系，当时社会发展水平，从整体上制约着这批人力资源的数量与质量，以及人力资源素质的提高；他们只能在时代为他们提供的条件下，努力发挥其作用。这就是当前生产力水平不同的国家之间，其人力资源素质也存在差距的原因。即使在同一国家、同一个省区，社会经济发展水平不同，人力资源的素质也会不同。

8. 社会性

人力资源不同于其他经济资源的一个显著特征就是社会性，具体表现在未来收益目标的多样性和外部效应的社会性方面。对于其他资源来讲，具有纯粹的自然属性，并不需要精神激励的手段；而人是社会的人，人力资源效能的发挥受其载体的个人偏好影响，除了追求经济利益之外，还要追求包括社会地位、声誉、精神享受，以及自我价值实现等多重目标，在追求这些目标的过程中，其效能的发挥不仅会带来生产力的提高和社会经济的发展，而且会产生许多社会性的外部效应，如人的素质的提高会增进社会文明程度、保护并改善自然环境等。

二、人力资源的构成要素

人力资源由数量和质量两方面构成。

(一) 人力资源数量

人力资源数量是对人在量上的规定性，是指一个国家或地区拥有的具有劳动能力的人口资源，亦即劳动力人口的数量，具体反映为由就业、求业和失业人口所组成的现实人力资源。劳动力人口数量统计与不同国家对"劳动适龄人口"或"劳动年龄人口"的界定有关。值得注意的是：在劳动适龄人口中存在着一些丧失劳动能力的病残人口；在劳动适龄人口之外，也存在着一批具有劳动能力，正在从事社会劳动的人口。因此，在计量人力资源数量时，应当对上述两种情况加以考虑，以对劳动适龄人口数量加以修正①。

综上所述，一个国家或地区的人力资源数量由以下八大部分构成：①处于劳动年龄，正在从事社会劳动的人口，它构成人力资源数量的主体，即"适龄就业人口"；②尚未达到劳动年龄，已经从事社会劳动的人口，即"未成年劳动者"或"未成年就业人口"；③已经超过劳动年龄，继续从事社会劳动的人口，即"老年劳动者"或"老年就业人口"；④处于劳动年龄之内，具有劳动能力并要求参加社会劳动的人口，即"求业人口"或"待业人口"；⑤处于劳动年龄之内，正在从事学习的人口，即"就学人口"；⑥处于劳动年龄之内，正在从事家务劳动的人口；⑦处于劳动年龄之内，正在军队服役的人口；⑧处于劳动年龄之内的其他人口。

由于不同的研究需要，人力资源数量在统计与使用中还可以区分为下列两种口径。一是现实人力资源数量与潜在人力资源数量。现实人力资源数量指在现实国民经济活动中已经被利用的人力资源数量，表现为已就业的人口和正在谋求职业的人口，亦称经济活动人口。潜在人力资源数量指在现实国民经济活动中可以被利用，但尚未被利用的人力资源数量，表现为因各种原因未就业的人口。二是人力资源数量统计中的绝对量与相对量指标。人力资源绝对量是指上述现实人力资源数量与潜在人力资源数量之总和，其大小是反映一个国家国力与一个地区实力的重要指标。人力资源绝对量、相对量又称为人力资源率，指可以动员投入劳动运行的人力资源数量。它是指人力资源的绝对量占总人口的比例，它是反映经济实力的更为重要的指标。一个国家或地区的人力资源率越高，表明该国家或地区的经济有某种优势。在劳动生产率和就业状况既定的条件下，人力资源率越高，表明可投入生产过程中的劳动数量越多，从而创造的国民收入也就越多。所以，该指标可用来进行国家与地区之间人均人力资源拥有量的比较：人力资源率越高，表明可以投入经济运行的人力越多，作为单纯消费者的人口越少。

影响人力资源数量的因素主要有三方面：人口总量及其再生产状况，人口的年龄构成，人口迁移。

---

① 董泽芳主编. 人力资源开发与管理［M］. 武汉：华中师范大学出版社，2000：11.

(二) 人力资源质量

人力资源质量是人力资源在质上的规定性，具体反映在构成人力资源总量的劳动力人口的整体素质上，指人力资源所具有的体质、智力、知识和技能水平，以及劳动者的劳动态度，一般体现在劳动者的体质、文化、专业技术水平及劳动积极性上。

影响人力资源质量的因素主要有三方面。

第一，遗传和其他先天因素。人类的体质和智能具有一定的继承性，这种继承性来源于人口代系间遗传基因的保持，并通过遗传与变异，使人类不断进化、发展。人口的遗传从根本上决定了人力资源的质量及最大可能达到的限度。但是，不同的人在体质水平与智力水平上先天差异是比较小的，这当然不包括那些因遗传病而致残的人。

第二，营养因素。营养因素是人体发育的重要条件，一个人儿童时期的营养状况，必然影响其未来成为人力资源时的体质与智力水平。营养也是人体正常活动的重要条件，充足而全面地吸收营养才能维持人力资源原有的质量水平。目前，随着我国社会经济的发展，人民生活水平的提高，以及医疗卫生保障体系的不断完善，我国的人力资源质量也在不断提高。

第三，教育方面的因素。教育是人为传授知识、经验的一种社会活动，是一部分人对另一部分人进行多方面影响的过程，这是赋予人力资源质量的一种最重要、最直接的手段，它能使人力资源的智力水平和专业技能水平都得到提高。人类的体质，尽管在不同民族、不同国家、不同个体之间具有一定的差异，但从智能即表现在文化水平、专业技术水平方面的差异来看，则是比较小的。尤其是随着现代科学技术的发展，人类生产力水平的不断提高，人的现代专业科学知识和技术能力等智能作用将不断上升，同时还存在"老化"与"更新"速度不断加快的规律性。

一个国家或地区人力资源的丰富程度不仅要用其数量计量，更重要的是用人力资源质量评价。人力资源的数量反映了可以推动物质资源的人数，而人力资源的质量则反映可以推动哪种类型、哪种复杂程度和多大数量的物质资源。人力资源质量的重要性主要体现在其内部的替代性方面。一般来说，人力资源的质量对数量的替代性较强，而数量对质量的替代作用较差，有时甚至不能替代。人力资源开发的目的在于提高人力资源质量，为社会经济的发展发挥更大的作用。

企业的人力资源主要指企业内、外具有劳动能力的人的总和。企业人力资源的数量一般由被企业聘用的员工和企业能在劳动力市场招聘的即潜在的员工构成，前者主要包括企业全体员工，但不包括即将离开企业的员工（如即将被解聘的员工，辞职的员工，退休、病退和死亡的员工）；后者则可能来源于劳动力市场中的任何一部分。企业人力资源质量也可用人力资源率反映，即企业人力资源总量与企业总员工数（包括离退休员工、因特殊原因不能工作的员工）的比率，它反映了企业的竞争力。该比率越高，则企业人力资源可利用率就越高，企业竞争力就越强；相反，比率越低，企业人力资源可利用率也就越低，企业的竞争力就越弱。目前，随着生产的发展与科技的进步，人力资源质量不适应岗位技能要求的矛盾日益突出，企业急需的高技能人才匮乏。高技能人才是指在生产、运输和服务等领域岗位一线，熟练掌握专门知识和技术，具备精湛的操作技能，并在工作实践中能够解决关键技术和工艺的操作性难题的人员；主要包括技术技能劳动者中取得高级技工、技师和高级技师职业资格及相应水平的人员；可分为技术技能型、复合技能型和知识技能型三类①。

三、人力资源在现代管理中的最主要作用

人力资源的性质或特点决定了人力资源在企业管理中的作用和地位。对人力资源的管理始终是管理工作的重要组成部分。

总体来说，人力资源在管理中主要具有如下三个作用。

（一）人力资源是企业最重要的资源

人对社会的价值主要表现在他的劳动能力上。劳动能力不能脱离人的健康肌体而独立存在，因此，一个具有企业所需职业能力、身体健康、有主动工作精神和创新意识、能够与企业的组织环境和企业文化相互适应的人，就成为企业重要的资源之一。

首先，企业的发展与员工的职业能力发展是相互依赖的，要重视人的职业能力必须先重视人本身。企业实施各种人力资源管理政策的目的，就是要鼓励员工不断地提高职业能力并愿意运用职业能力为企业工作，否则企业就无法适应激烈的竞争环境。

其次，人力资源是有意识、有价值的资源。当人具有从事工作的愿望时，人

---

① 这种分类方法被有效地运用于企业，具有较强的实用价值。

的工作会是主动的；当人从事工作的意愿不足或根本不愿工作时，其工作起来就不会积极、主动。因此，有效调动员工的积极性，强化其组织认同感，建立良好的工作价值观，是人力资源管理中一项重要的管理任务。

最后，人是在特定环境中成长起来的，每个人形成了与其成长环境有关的生活和心理品质。企业是由许多单个的人组成的、有目的的组织，为了有效地实现组织的目标，企业就需要统一价值观念，养成自身独特的组织习惯。这种统一的价值观念，形成企业文化。任何企业都有属于自己的企业文化，企业必须把价值观念不同的人通过特定的政策进行引导并辅之以相应手段，建立一个创造高绩效的企业文化。

（二）人力资源是创造利润的主要来源

我们知道，商品的价值主要由两个性质不同的部分构成：一部分是转移价值，另一部分是所谓的附加价值。转移价值是指在商品构成过程中"采购"过来的那部分，如材料、能源、机器厂房的折旧等生产要素，这些生产要素在商品的价值构成中不会增加价值，而只能将其原值转移到商品的价值中，因此它们不会产生利润。但是附加价值对企业的意义就不同了，它是商品价值与转移价值的差额部分。这部分价值基本上是由劳动创造（附加）的，它才是利润的真正来源。商品的附加价值越高，企业的利润就会越大，而期望的附加价值越高，就必须依赖人力资源的质量和结构。由于人力资源（资本）具有低投入、高产出的特征，人力资源的重要性已被广泛认识。

（三）人力资源是一种战略性资源

人力资源是一种战略性资源，对人力资源的管理往往关系到一个企业的生存和可持续发展。随着知识经济与信息时代的到来，社会经济的发展已经减弱了工业化时代对财力资源、物力资源和劳动者体力的依赖，增强对劳动者的知识依赖。因此，人力资源，特别是拥有高科技产业发展相关知识的创新型人才，就成为新时代最重要的、具有战略意义的资源。员工的价值在于其知识、技能有很大的开发空间，并且这些知识、技能能够在工作中充分地发挥出来。人力资源使用的这种价值是其他任何生产要素所无法替代的。企业员工的知识和技能，特别是以未编码知识的形式表现出来的知识和技能被视为企业的核心竞争力。同时，员工的高使用价值也是潜在的，企业员工的价值不仅取决于其奉献意愿和程度、他们之间知识的匹配程度，更取决于其知识和技能与组织目标的相符合程度，取决于其专业知识和技能与组织其他成员之间的协同程度，还在一定程度上取决于工作环境。所以说，企业人力资源的效价具有一定的潜在性和难以模仿性。组织目标的调整、组织资源的充足都会对员工知识运用产生影响，而个人的工作满意程度、努力程度及员工之间的协调程度都会直接影响员工对实现组织目标的作用。

第二节　人力资源管理的知识体系

一、人力资源管理的内涵理解

人力资源管理是管理学中的一个崭新和重要的领域，在管理活动中具有举足轻重的地位。因此，在定义人力资源管理的内涵时，首先要了解管理的概念。管理就是设计并保持一种良好环境，使人在群体里高效率地完成既定目标的过程，展开为"计划、组织、人事、领导、控制"五大职能。

人力资源管理是一种组织管理职能。对于它的定义，国内外的学者给出了许多解释：有的是从人力资源管理的目的来定义的，有的是从人力资源管理的过程或承担的职能来定义的，有的是从人力资源管理的实体（制度和政策等）来定义的，也有的是从人力资源管理的主体来定义的，还有的是从目的过程综合来定义的。

本书的定义如下：所谓人力资源管理就是现代的人事管理，是指企业（组织）为了获取、开发、保持和有效利用在生产和经营过程中必不可少的人力资源，通过运用科学、系统的技术和方法进行各种相关的计划、组织、领导和控制活动，以实现企业（组织）的既定目标。也就是运用现代化的科学方法，对与一定物力相结合的人力进行合理的组织、培训和调配，使人力、物力经常保持最佳比例，同时对人的思想、心理和行为进行恰当的诱导、控制和协调，充分发挥人的主观能动性，使人尽其才、事得其人、人事相宜，以实现组织的目标。

根据定义可以从两方面来理解人力资源管理。

一是对人力资源外在要素——量的管理。对人力资源进行量的管理，就是根据人力和物力及其变化，对人力进行恰当的培训、组织和协调，使两者经常保持最佳比例和有机的结合，使人和物都充分发挥出最佳效应。

二是对人力资源内在要素——质的管理，主要是指采用现代化的科学方法，对人的思想、心理和行为进行有效的管理（包括对个体和群体的思想、心理和行为的协调、控制和管理），充分发挥人的主观能动性，以实现组织目标。

二、人力资源管理的功能及重要性

（一）人力资源管理的功能

现代人力资源管理具有以下五种基本功能。

1. 获取功能

根据企业目标确定的所需员工条件，通过规划、招聘、考试、测评、选拔，获取企业所需人员。

2. 整合功能

通过企业文化、信息沟通、人际关系和谐、矛盾冲突的化解等有效整合，使企业内部的个体、群体的目标、行为、态度趋向企业的要求和理念，使之形成高度的合作与协调，发挥集体优势，提高企业的生产力和效益。

3. 保持功能

通过薪酬、考核、晋升等一系列管理活动，保持员工的积极性、主动性、创造性，维护劳动者的合法权益，保证员工安全、健康、舒适的工作环境，以增进员工满意感，使之安心地工作。

4. 评价功能

对员工工作成果、劳动态度、技能水平，以及其他方面做出全面考核、鉴定和评价，为做出相应的奖惩、升降、去留等决策提供依据。

5. 发展功能

通过员工培训、工作丰富化、职业生涯规划与开发，促进员工知识、技巧和其他方面素质提高，使其劳动能力得到增强和发挥，最大限度地实现其个人价值和对企业的贡献率，达到员工个人和企业共同发展的目的。

（二）人力资源管理的重要性

在一个组织中，只有求得有用人才、合理使用人才、科学管理人才、有效开发人才等，才能促进组织目标和个人价值的实现，而这些都有赖于人力资源的管理。现代管理理论认为，对人的管理是现代企业管理的核心。现代人力资源管理对企业的意义，至少体现在以下五方面。

1. 有助于促进生产经营的顺利进行

企业拥有三大资源，即人力资源、物质资源和财力资源。而物质资源和财力资源的利用是通过与人力资源的结合来实现的。只有通过合理地组织劳动力，不断协调劳动力之间、劳动力与劳动资料和劳动对象之间的关系，才能充分利用现有的生产资料和劳动力资源，使它们在生产经营过程中最大限度地发挥作用，形成最优的配置，从而保证生产经营活动有条不紊地进行。

2. 有助于调动员工积极性，提高劳动生产率

企业中的员工，他们有思想、有感情、有尊严，这就决定了企业人力资源管理必须设法为劳动者创造一个适合于他们的劳动环境，使他们乐于工作，并能积极主动地把个人劳动潜力和智慧发挥出来，为企业创造出更有效的生产经营成果。因此，企业必须善于处理好物质奖励、行为激励和思想教育工作三方面的关系，使企业员工始终保持旺盛的工作热情，充分发挥自己的专长，努力学习技术和钻研业务，不断改进工作，从而达到提高劳动生产率的目的。

3. 有助于减少劳动耗费，提高经济效益并使企业的资产保值

经济效益是指进行经济活动所获得的与所耗费的差额。减少劳动耗费的过程，就是提高经济效益的过程。所以，合理组织劳动力，科学配置人力资源，可以促使企业以最小的劳动消耗取得最大的经济成果。在市场经济条件下，企业的资产要保值增值，争取企业利润最大化，价值最大化，就需要加强人力资源管理。

4. 有助于建立和加强企业文化建设

企业文化是企业发展的凝聚剂和催化剂，对员工具有导向、凝聚和激励的作用。优秀的企业文化可以增进企业员工之间团结和友爱，减少教育和培训的经费，降低管理成本和运营风险，并最终使企业获取巨额利润。

5. 有助于现代企业制度的建立

科学的企业管理制度是现代企业制度的重要内容，而人力资源管理又是企业管理中最为重要的组成部分。一个企业只有拥有第一流的人才，才能充分而有效地掌握和应用第一流现代化技术，创造出第一流的产品。不具备优秀的管理者和劳动者，企业即使拥有先进设备和技术也不能发挥作用。提高企业现代化管理水平，最重要的是提高企业员工的素质。可见，注重和加强对企业人力资源的开发和利用，搞好员工培训教育工作，是实现企业管理由传统管理向科学管理和现代

管理转变不可缺少的一个环节。

三、人力资源开发与人力资源管理

与人力资源管理经常同时出现的还有人力资源开发这一名词，其实，人力资源管理与人力资源开发是既有联系又有区别的一对概念。从前面的介绍中可以看出，现代人力资源管理区别于传统人事管理的一个重要特征就是更加注重对人力资源潜力的开发，也就是说，我们现在所讲的人力资源管理在多数情况下已内含了开发的功能，但这并不能完全体现出"人力资源开发"的更深入的内涵。

（一）人力资源开发与人力资源管理的联系

人力资源管理与开发从组织管理的角度来看，是紧密联系在一起的，在具体实施过程中也绝不可割裂开来，否则就易使人力资源管理陷入传统的人事管理之中。两者的关系可以定位为管理是对人力资源现实能力的使用与规范，而开发则着眼于人力资源与组织未来的发展潜力，具体来说其联系有三方面。

第一，人力资源开发建立在人力资源管理的基础上。因为人力资源开发并不是不加分析的统一政策开发，而是需要在对不同人力资源个体和群体进行不同诊断的基础上执行不同的政策，而这些诊断信息主要依靠人力资源管理来获得。

第二，人力资源开发的主要内容包含在现代人力资源管理的各环节之中。人力资源开发的重点是开展对组织中人力资源的各种有针对性的培训，以及对人力资源的职业生涯设计开发，这些内容已被公认为现代人力资源管理专业的组织部分。

第三，人力资源管理要以人力资源开发为导向。因为人力资源开发更体现了组织的战略性和对人力资源的重视，所以一个有生命力的组织显然不能仅仅停留在日常的管理之中，而应追求组织的长期发展。

（二）人力资源开发与人力资源管理的区别

两者的区别仅表现在各自侧重点的不同，主要有以下三点：第一，人力资源开发比人力资源管理更强调战略性与长期性；第二，人力资源开发是人本理念最集中的体现，因为开发的各项措施常常表现在对人力资源实施的培训上，这种培训又强调组织需求与个人需求的结合，当然是对人力资源的最大重视；第三，人力资源开发的某些内容人力资源管理并不能完成，例如上面提到的有争议的组织开发的内容，显然是人力资源管理领域不能完全承载的。

第三节　人力资源管理的发展演变

纵观历史和现实，我们可以清晰地看到，人力资源管理遵循着一条从传统劳动人事管理到人力资源管理的演进轨迹。对人和事的管理是伴随组织的出现而产生的，人事管理的起源可以追溯到非常久远的年代。人事管理是伴随工业革命的产生而发展起来的，由美国的人事管理演变而来。20世纪70年代之后，人力资源在组织中所起的作用越来越大，传统的人事管理已经不适用，开始从管理的观念、模式、内容、方法等方面全方位向人力资源转变。从20世纪80年代开始，西方人本主义管理的理念与模式逐步凸显①。人本主义管理就是以人为中心的管理，现代人力资源管理就是在此基础上应运而生的。

一、传统人事管理的特征呈现

随着工业革命的发生，机器大工业取代了手工业，职业的分工更加专业化，最早的工作分析诞生了。工作分析除了工序、班组与岗位设置研究，还包括生产方法等方面的研究。企业将员工视为同其他机器、设备一样的成本负担，员工与企业的关系属于单纯的雇佣关系，相互之间没有归属感和信任感。

这一阶段人事管理工作呈现以下三个特征。

传统的人事管理工作只限于人员招聘、选拔、分派、工资发放、档案管理之类琐碎的工作。后来，这一工作逐渐涉及职务分析、绩效评估、奖酬制度的设计与管理、人事制度的制定、员工培训活动的规划与组织等。

传统的人事管理基本上属于行政事务性的工作，活动范围有限，以短期导向为主，主要由人事部门职员执行，很少涉及组织高层战略决策。

传统的人事管理在企业中地位较低，其内容很少涉及企业高层战略决策。人们普遍认为，人事管理是一项技术含量低且无须特殊专长的低档次活动，无法与生产、财务、销售等工作相提并论。因此，传统人事管理工作的重要性并不被人们所重视，人事管理只属于执行层次的工作，无决策权力可言。

---

① 丁桂凤.人力资源开发与管理［M］.北京：中国经济出版社，2016：5.

二、现代人力资源管理与传统人事管理的区别分析

到了 20 世纪 80 年代，企业迅猛发展，企业的管理水平不断提升。心理学及管理学界涌现出人本主义思潮，强调在管理中以人为本，注重挖掘人的发展潜力，现代人力资源管理便应运而生。它与传统的人事管理的差别，已经不仅是名词的转变，两者在性质上已经有了本质的转变。

第一，传统人事管理的特点是以"事"为中心，只见事，不见人，或者只见事的某一方面，而不见人与事的整体性和系统性，强调"事"的单一方面的静态控制和管理，其管理的形式和目的是"控制人"；而现代人力资源管理以"人"为核心，强调一种动态的、心理的、意识的调节和开发，管理的根本出发点是"着眼于人"，其管理归结于人与事的系统优化，致使企业取得最佳的社会效益和经济效益。

第二，传统人事管理把人看作一种成本，将人当作一种"工具"，注重的是投入、使用和控制。而现代人力资源管理把人作为一种"资源"，注重产出和开发。是"工具"，可以随意控制它、使用它；是"资源"，特别是把人作为一种资源，就必须小心保护它、引导它、开发它。

第三，传统人事管理是某一职能部门单独使用的工具，似乎与其他职能部门的关系不大，但现代人力资源管理却与此截然不同。实施人力资源管理职能的人事部门逐渐成为决策部门的重要伙伴，提高了人事部门在决策中的地位。人力资源管理涉及企业的每一个管理者，人力资源管理部门的主要职责在于制定人力资源规划、开发政策，侧重于人的潜能开发和培训，同时培训其他职能经理或管理者，提高他们对人的管理水平和素质。

与传统人事管理相比，人力资源管理者的角色有了很大变化。人力资源管理者不只是做一些琐碎的事务性工作，而是要担当多种重要的角色。他们不仅是企业战略的参与者和制定者，还需要成为组织变革的推动者和员工发展的促进者。在战略规划层面，人力资源管理者须深入分析企业的内外部环境，结合组织的长远发展目标，为人力资源的配置、开发和管理提供战略性建议。同时，他们还需要积极参与组织变革，通过优化人力资源配置、提升员工能力等方式，推动变革的顺利进行。

此外，人力资源管理者也肩负着员工职业发展的重任。他们需要关注员工的个人成长和职业规划，提供必要的培训和发展机会，以激发员工的潜能，提升员

工的工作满意度和忠诚度。在这个过程中，人力资源管理者还需要运用专业知识，设计合理的薪酬和福利制度，以激励员工更好地为组织贡献力量。

三、未来人力资源管理面临的挑战

当今社会正在进入知识经济、网络经济及经济全球化的时代。以知识经济为内涵视角，互联网为技术视角，经济全球化为外延视角，在这多维时代背景中，人力资源管理应做何调整？

（一）知识经济带来人力资源管理新理念

知识型员工（Knowledge Workers）是彼得·德鲁克提出的概念，指的是"那些掌握和运用符号和概念，利用知识或信息工作的人"。20世纪是以体力劳动者为主要对象的人力资源管理时代，21世纪则是一个以知识员工为主体对象的人力资源管理时代。企业之间的竞争，知识的创造、利用与增值，资源的合理配置，最终都要靠知识的载体——知识型员工来实现。而这些主要用"头脑"进行工作的知识员工，其受教育程度、需求结构、工作期望、价值观念、行为能力等，都不同于主要进行体力劳动的员工。作为追求自主性、个体化、多样化和创新精神的知识性员工群体，激励他们的动力更多地来自工作的内在报酬本身。因此，管理对象的历史性变化必然逐渐导致管理理念和管理模式的变革。

（二）互联网带来人力资源管理新方式

自20世纪90年代中期以来，互联网在全球范围内迅速发展，极大地改变着人们的工作及生活方式。在人力资源管理领域，互联网及其信息技术正在引发工作方式和管理方式的历史性变革。例如工作方式历史性变革的核心概念之一是远程办公。远程办公是指办公人员通过电子通信手段在传统集中化工作场所之外的任何地点进行分散化办公，其典型工作空间特征是小型办公室和家庭办公室（SOHO），同时也包括公务旅行中的客房办公室和车厢办公室。21世纪正在更大范围内进行着一场工作方式或办公模式的革命，主要是地点分散、时间弹性的工作方式取代工业时代的那种集中地点、统一时间的传统工作方式。

管理方式的重大变革是人力资源管理的电子化，是指通过应用IT技术手段在互联网上实现人力资源管理的电子化。目前，欧美国家的许多大公司尤其是IT行业的知名企业，如通用、IBM、微软、朗讯、思科等，都在不同程度上进入了人力资源管理的中期电子化阶段。在我国，一些著名外商投资企业及联想等国有

IT 企业，也已经进入了人力资源管理的初期电子化阶段，越来越多的国有企业及其他企业开始筹划人力资源管理的电子化项目。

人力资源管理的电子化范围将随着 IT 技术及 HR 软件的成熟发展而逐步扩大。初期阶段主要局限于事务性管理活动层面，如人事信息管理、福利管理、考勤管理、休假管理等；中期阶段从事务性管理层面扩展到常规性管理活动层面，涉及网上招聘、网上培训、网上考评、网上沟通等职能；后期阶段将在系统整合的基础上实现自上而下的战略性电子化人力资源管理。人力资源管理电子化不仅能够极大地降低管理成本、提高管理效率，而且更重要的是能够提升管理活动的价值，也就是说，它能够使人力资源管理者从低价值的事务性工作中解脱出来，投入更多的时间和精力从事高价值的战略性管理活动。

（三）全球化带来人力资源管理新课题

经济全球化具有三个标志性特征：市场全球化、生产要素配置全球化、企业全球化。经济全球化及其所具有的基本特征对人力资源管理产生日益明显的影响，给人力资源管理带来了一些新课题。

一是稀缺人才的"零距离"国际竞争问题。经济全球化的标志性特征之一是生产要素配置的全球化，其中包括人力资源要素配置的全球化。因此，人力资源将成为全球共享的财富，劳动力将突破一国的市场区域而进行跨国界的流动，因而将会引发全球性人力资源竞争。全球化紧缺人才竞争所表现的空间形式已是短兵相接的"零距离"竞争，而如何应对"零距离"的稀缺人才竞争，如何克服人才竞争中的"马太效应"，如何吸引和留住组织所需要的人才，已经成为经济全球化时代背景下人力资源管理的新课题。

二是企业跨国并购中的人力资源整合问题。近些年来，为了规避或降低竞争结局的风险及成本，"双赢"或"多赢"的竞争模式正在取代传统的两败俱伤的"博弈"竞争逻辑，由此，企业间尤其是大公司的跨国兼并和收购之风盛行。企业并购中涉及多方面资源的重新洗牌问题，如产品、市场、技术、资本及人力资源的整合等，其中，人力资源整合具有统领性效应。不同的企业具有不同的企业文化、管理模式、管理制度、管理风格，以及不同的员工组合结构，企业在兼并和收购过程中是否有能力及如何进行优势互补，实现人力资源存量、企业文化、管理制度的优化整合，并通过人力资源和人力资源管理制度的有效整合，实现产品、市场、技术、资本的整合，这是决定企业并购成败的关键。

三是企业国际化中的"跨文化"管理问题。经济全球化及人力资源配置全球化的过程是一个企业国际化过程。经济全球化导致企业的融资、技术、生产、销售等经营活动国际化，跨国公司进一步向全球市场扩展，同时出现越来越多不够跨国公司规格的国际经营企业，这是企业国际化的外在标志；跨国公司的扩展和国际经营企业大量出现又加快人力资源配置的全球化进程，使跨国公司和国际经营企业的员工结构上形成多元化特征，在不同程度上成为"移民"企业，这是企业国际化的一个内在标志。企业国际化中凸显出跨文化管理的问题。如何在一个员工来自不同国家的国际化企业中，形成一种多元文化成分有机融合的企业文化，并使这种"跨文化"型企业文化体现于制度化管理之中，这正在成为经济全球化时代人力资源管理的新课题。

四是人力资源管理游戏规则的国际化问题。经济全球化存在一个各国经济行为的法制化规范的一致性问题，或者说我国的游戏规则与国际接轨的问题，包括人力资源管理游戏规则的国际接轨，这一点在我国加入 WTO 后已经成为一种现实的制度挑战。目前，我国企业人力资源管理体制中存在一些不接轨、难以接轨的问题。

综上所述，新时期人力资源管理面临着诸多挑战，需要确立经济发展全球化的战略目标，深入分析知识型员工的特点，充分利用电子信息技术手段，才能顺应历史的潮流，做好人力资源管理工作。

第四节　人力资源经济的应用与发展

随着社会的发展，当前各企业逐渐把握住了发展机遇，重视人力资源管理工作，促使管理工作发生了质的改变，由原本的事务方式逐渐变为战略模式。人力资源是实现有效衡量企业未来发展的关键性指标之一，也可以把企业间的竞争视作人力资源的竞争。如果企业能够获得专业性技能较强、综合素质较高的优秀人才作为支持，那么其发展前景将会一片光明。这就要求企业注重采取有效方式来优化创新人力资源管理工作，以正确的眼光看待人力资源管理现存的薄弱环节，促进人力资源经济的长远稳定发展。

一、人力资源经济的基本内容

人力资源经济不仅为企业人力资源管理的稳定发展提供了坚实的经济基础和明确的方向指引，还可以被视作是企业内部推动整体人力资源政策实施以及相关经济活动的重要手段。

人力资源经济活动形式多样，但依据其特征可以划分为三大类：投资、价值和效益。其中，人力资源投资是人力资源经济最为基础和常见的内容。在人力资源经济快速发展的背景下，人力资源价值能最大限度地展现出其在企业后期发展中的推动作用。与此同时，人力资源效益也会在潜移默化中对企业的经济运行产生深远影响，其与企业的经济管理有着一定联系。由此可以得出结论，如果企业要想更好地在社会中立足，获得更广阔的发展空间，就应科学、合理地运用人力资源经济，注重对其内容的深入研究和分析，并综合考虑企业当前的实际发展情况，以确保自身获得进步空间，提升竞争力。

二、人力资源经济的科学运用

人力资源经济的合理采用高度符合各企业的个性化发展需求。通过运用相关的经济金融计算手段和会计计算模式，企业可以对人力资源管理进行系统、全面的探究，从而更顺利地实施人力资源经济管理。对人力资源经济进行开发和内容对比探究，积极整合其经济现象，以此为基础制订出企业在后续发展和工作中的人力资源经济活动规划，确保企业的人力资源经济得到更好的运用和实现进步。在所有企业中采用人力资源经济是具有现实意义的，因为它能帮助企业适应当前人事体系的优化与改革。

在社会快速发展的背景下，人口数量和大学生毕业数量都逐渐增多。而大学生步入社会后所面临的主要问题之一就是就业，进入企业工作也成了大多数学生的梦想。例如在当前社会背景下，优秀的企业一定要有长远的发展眼光，关注大学生群体，了解他们的优势和缺陷。缺陷主要体现在，如果聘用了大学生，他们进入企业后可能工作效率较低，甚至工作态度不正确。想要辞退他们，难度系数较高，从而导致整体工作效率下降。因此，各企业应科学运用人力资源经济，重视管理工作，促进人事体制的优化创新，确保让更多专业技能强、综合素质高的优秀人才受到重视。

三、当前人力资源经济的薄弱环节

当前，企业在人力资源经济应用中仍存在诸多问题有待完善。究其原因，主要是管理手段缺乏专业性和完善性，且未能重视整体构建，创新工作相对较少，导致工作人员缺乏工作热情和主动性。对企业当前实际工作情况探究发现，存在不专业的管理制度，这不仅影响了企业的长远稳定发展，还不利于对工作人员的科学管控。在社会主义市场经济体制快速发展及优化的背景下，人力资源管理创新的速度未能与时代发展同步，以往所采用的人力资源经济管理体制也难以适应当前时代发展的相关要求。同时，管理工作的改革和创新是一个循序渐进的过程，难度系数较高，而企业管理中并未能充分认识到人力资源经济应用改革的必要性和价值。因此，部分筹划仍采用落后、传统的观念，整体管理水平较低。对于人力资源经济管理工作者来说，也并未具备正确的工作态度，未能重视提升专业性技能，单纯追求经济效益，却忽视了对工作人员的关怀和了解其在工作中存在的问题。此外，虽然会定期组织开展各种培训工作，但这些培训缺乏针对性，难以实现对工作人员的专业能力培养，导致部分工作者缺乏参与工作的动力，难以激发其工作热情和潜能。

对于全体工作者来说，存在一个共性问题，即在工作中存在个性心理。如果企业未能制定相应的激励制度，很可能导致部分工作人员不会主动工作，难以高效完成各项任务。因此，要想全面调动工作者热情，高效完成工作内容，必须制定完善的激励机制，但遗憾的是，有些部门并未能落实这一点。大部分企业的制度是集体制度，工作人员的薪资待遇差异较小。加之基层的工作条件相对较差，企业难以留住有梦想和有抱负的年轻人，因此一些工作者仍希望能有机会继续参加考试，争取去工作条件良好、薪资待遇高的企业工作。这就需要企业管理者依据现存问题来系统探究，从而制定出专业、合理的工资制度，以此最大限度地体现出人力资源经济所具备的独特优势。还有一些企业存在着领导层话语权过大的现象，导致基层工作者的薪资较少。在考核问题上，不同的工作岗位采用相同的考核手段，难免会引起其他工作者的不满，这也将会导致一种不良现象的出现，如部分工作者在实际工作中混日子、不思进取，最终影响了企业的稳定发展。

四、人力资源经济应用的促进对策

任何一个企业都会有明确的阶梯性，也就是说，企业中的工作人员主要由领导、管理层人员、中层工作人员及基层工作人员组成。领导是企业的核心，其各种行为和言行举止都会产生一定影响。因此，领导要注意自身所有可能形成的影响，起到模范带头作用，积极强化人力资源经济管理意识。人力资源经济管理会利用人力资源来促进企业发展，并善于从各个角度探究和思考问题。它坚持遵循以人为本的基本理念，激发全体工作人员的积极性和主动性，以此体现出所有工作人员所具备的优势作用，确保各种岗位都相互融合、互相监督、促进和帮助，让企业有着更好、更长远的发展。并且，领导层工作人员也要及时抛弃落后的思想，如果单纯关注当前的经济效益，要时刻关注企业长远稳定发展，确保人力资源的合理使用。

各企业要善于用正确的眼光看待自身在发展中所存在的问题，依据实际情况构建专业、合理的激励机制。通过制定完善的激励机制，不仅能够激励工作人员努力工作，还能将其潜能展现出来，促使工作人员的生活得到改善。企业应积极采用人力资源经济的相关优势，对各种岗位开展差异化的激励。因为对于工作人员来说，其家庭条件是不同的。像一些家庭条件较为困难的工作人员，要给予其更多激励和辅助，确保该类工作人员能把更多的精力放在工作中，高效完成各项工作。同时，要正确采用人力资源经济，制定专业性、合理性、有针对性的激励机制，确保全体工作人员都认真对待工作。

五、人力资源经济的后续进步方向

人力资源经济的应用前景是较为广泛的，为了实现在企业中采用人力资源经济，应进一步优化、完善人力资源经济体系。人力资源经济管理是企业人力资源管理工作中的主要内容之一，企业要关注整体管理水平，科学采用人力资源中介管理手段来构建专业的人力资源经济管理体系。需要注意的是，人力资源管理工作很有可能会存在多样化的管理手段和审核形式，因此，开展人力资源经济管理也是具有现实意义的，要把人力资源经济管理落到实处，以此来让所有的工作者都将其优势展现出来，高效地完成相关任务。

在社会快速发展的背景下，企业中人力资源经济管理形式要与时俱进，以此来满足社会所提出的相关要求，还要关注全体工作人员管理培训工作，提升他们的专业性技能及综合素质，并且综合考虑现代人力资源经济发展形势，采取有效手段提升全体工作者的工作素质，让其具有敬业精神。总体来说，只有善于优化人力资源经济管理形式，才能确保各企业在社会中有着足够的竞争力，避免被社会所淘汰。

第二章　现代人力资源的经济学原理

第一节　内部劳动市场理论

随着全球经济一体化的不断深入和科技发展的快速推进，人力资源经济管理中劳动力市场的地位日益凸显，而劳动力市场的运转和效率对于企业经济发展具有至关重要的作用。由于市场环境多变，劳动力市场通过市场机制实现资源配置，而人力资源经济管理则通过激励机制来提高劳动生产率，进而促进就业和经济增长。

一、内部劳动市场的起源及特点

（一）对内部劳动市场起源的考察

对内部劳动市场的起源，研究者提出了多种解释，主要包括以下五方面①。

（1）工会化。作为工人的组织，工会被传统经济理论认为是劳动市场的垄断者，经常通过对劳动价格和数量的控制，来满足会员对福利和就业的需要。结果，工资高于劳动市场完全出清时的劳动价格，就业人数却少于完全竞争劳动市场可以提供的最多数量的就业岗位；借助工资刚性，劳动市场由此被分隔开来，加入工会的工人就业和收入得到了保障，没有加入工会的人，尤其是年轻人和妇女则被排斥在外。

（2）大企业。19 世纪末 20 世纪初，西方工业转向了大批量生产，许多行业出现了寡头垄断。大批量生产需要大规模的固定资本投资，因此只有大量销售才能够降低产品的单位成本从而实现规模经济。寡头垄断的存在使得企业对市场份额的争夺，既变得至关重要，也变得非常谨慎。因此，大企业首先追求产品销售

---

① 赵建. 内部劳动市场理论：人力资源管理的经济学解释［J］. 经济学家，2009（06）：40-46.

市场的稳定，进而，这种对稳定性的追求泛化到生产要素市场的控制上，其中自然包括劳动市场。

（3）专门化的人事管理。在工业化初期，西方许多国家一段时间普遍存在劳动力供给过剩的情况，因此企业的劳动用工并不像后来那样正式和规范，加之许多现代工厂是在以前的家庭作坊和手工工场的基础上演变而来的，社会上没有劳动立法，企业里也不存在专门管理人力资源的职能和相应的机构设置，大量的家长制作风和行会惯例导入都实际影响着企业的经营管理。然而，随着企业的发展、竞争和社会约束的增强，将人力资源管理职能独立出来，成立专门的机构，聘请专业人士来实施逐渐成为必要并最终变成现实。

（4）特殊的历史和文化。雅各比（Jacoby S.）认为，日本企业中的长期雇用、年功工资、内部晋升和福利项目等内部劳动市场特征，与日本工业化之前技术工人的以技艺为基础的雇佣体制移植到后来的寡头企业有关。企业规模的变化增加了管理稳定性的重要性。随着恶性竞争威胁的减轻和融资能力的增强，企业由此能够对经营进行长远规划，以充分利用已经发生的大量投资，这就需要相应的稳固和严密的管理控制①。

（5）劳动市场的供求状况。劳动市场的状况往往对应着产品市场的状况。如果企业长期面临合适的工人短缺的情况，就会从长计议，建立自己的劳动储备。而当经济不景气，劳动力供给过剩，则企业更多地采用灵活的用工策略，以充分利用外部低工资劳动力供给，降低生产成本。这样看来，内部劳动市场的兴衰不过是劳动力供给紧张和松弛状况的反映。

（二）内部劳动市场的主要特点

第一，工作特定化。由于劳动是异质的，知识是会意的，人力资本是特殊的，竞争力是依赖于个人的，且跨企业和跨职业是不可转换的，因此，特定的工作只能由拥有特定技能的人来从事才是最有效率的。

第二，在职培训。以干中学方式，暴露于工作环境，通过旁人的示范与指点、临时代工、作为助手工作一段时间等，形成与特定化的工作相匹配的技能。

第三，工作阶梯。在一个企业内部或某一职业，全部工作是分成工作系或工作群的。工作阶梯的纵向结构主要反映责任、技能和权力的变化。在更低层次上

---

① JACOBY, SANFORD. The Origins of Internal Labor Markets in Japan [J]. *Industrial Relations*, 1979, 18 (2)：184-196.

的工作经历对将来从事更高层次的工作是有帮助的。

第四，进入口和退出口。进入口是特殊人力资本积累的起点，因此往往处于工作阶梯的底部。不过，这一点对蓝领工作来说较为突出和普遍。但对专业劳动市场的进入可能发生在各个工作层次。此外，对工匠劳动市场来说，几乎不存在特定的进入口或退出口。对内部劳动市场的退出是受一定规则限制的，这些规则主要用来约束非自愿流动，比如临时的或永久的解雇、带薪休假、因缺任务而导致的工作停止、伤残、违纪及强制或提前退休等。

第五，工资等级。工资与工作挂钩，并不精确地对准个人的边际生产力，而是采用一些拇指法则来确定。工资增长往往反映资历增长。

第六，内部晋升。尽管提拔员工也考虑其个人能力和业绩，但资历常常是重要的参考因素。对工作表现的评估有时也是重要依据。

第七，资历依赖。一个工作者的资历经常反映为其在一个企业或组织中的连续任期。

第八，解雇限制。固定或准固定劳动成本（解雇费、招聘费、培训费、劳动者替换造成的生产率下降和损失增加等）的存在，加之工作场所的习惯，导致雇主不能任意雇用/解雇工作者。

总之，内部劳动市场是竞争性劳动市场的合乎逻辑的发展。如果内部劳动市场是按管理者的意愿建立起来的，而且管理者追求劳动成本最小化，工作在成本合适和能力胜任的情况下才提供给工人，那么，除非参与求职竞争的工人得到的高价格由高的劳动生产率予以补偿，否则，工作将给予要价最低的工人。自然地，在工人方面，他们则寻求将劳动服务出售给出价最高的雇主。此时，只有当其能够降低成本时，竞争性的市场过程才会被内部劳动市场所取代。这也就是说，之所以会出现内部劳动市场，主要是由于它比竞争性外部劳动市场有更低的运行成本。

二、劳动力市场的经济学分析

（一）对供给面进行经济学分析

劳动力供应的决策涉及劳动者提供劳动的意愿，以及他们所提供的劳动力数量。在这种情况下，如果劳动者希望获得更多的就业机会或提高收入水平，则必须对未来劳动力市场状况做出预测，并以此为依据决定是否需要进行自我投资或接受培训。这一决策常常受到多种因素的综合影响，包括但不限于薪资待遇、工作环境、教育水平、家庭需求及个人喜好等多个方面。在不同的工资结构下，劳动者会做出不同的决定。在薪资水平较低的情况下，劳动者可能会倾向于减少提供的劳动力数量，或者寻求其他经济来源以维持生计；而薪资水平提高，劳动者会增加提供的劳动力数量，或者考虑扩大自己的就业机会范围。同时，劳动条件也会直接影响到劳动力的供给情况。在工作环境艰苦、存在高危险性或缺乏发展机会的情况下，可能会削弱劳动者提供劳动力的意愿；若工作环境优越、薪酬福利丰厚，并提供职业发展和晋升机会，那么劳动者或许会倾向于提供更多的劳动力。劳动力市场上不同类型的劳动者所从事的职业及其在劳动中所表现出的能力差异都会对劳动力供给产生较大的影响。另外，教育水平和技能水平的重要性不可忽视，具备更高学历和更广泛技能的劳动者通常拥有更多的就业机会，从而获得更高的薪酬水平。

（二）　对需求面进行经济学分析

雇主的劳动供给决策取决于其自身对劳动力市场未来变化情况及劳动力需求量的估计。市场需求、生产技术、劳动力成本及法律法规等多种因素的综合作用，都会对此项决策产生影响。当一个行业的就业岗位和收入增长缓慢时，雇主就有动机降低其劳动投入来维持这一行业的稳定发展。当市场对某种产品或服务的需求达到较高水平时，雇主有可能需要增加劳动力以满足生产所需；相反，在市场需求低迷的情况下，雇主可能会采取缩减劳动力需求或调整生产模式的措施。劳动力需求的变化会受到生产技术的影响。如随着汽车制造业的发展，越来越多的企业开始采用自动化和机械化手段来替代人力以满足需求。这会导致对劳动力需求的减少。同时，雇主在决定增加或减少劳动力需求时，必须认真考虑劳动力成本。在不同行业中，劳动者对其工作环境和条件要求存在很大差异，从而导致劳动力成本也不一样。雇主或许会因高昂的劳动力成本而减少对劳动力的需求，或者寻找更为经济实惠的替代方案。另外，雇主的劳动力需求可能会受到法律法规和政府政策的影响，这些规定可能包括但不限于最低工资标准、工时限制、职业安全和健康标准等。

（三）　对劳动力市场的平衡状态进行分析

劳动力市场的供需平衡状态指的是在劳动力供给和需求之间达到了一种平衡。劳动力市场达到了相对平稳的状态，雇主能够获得所需的劳动力，而劳动者也能够找到与自身需求相符的职业。劳动力市场的均衡点是由供需两方面的因素共同作用决定的。当劳动力的供应量超过需求时，劳动力市场就会陷入一种供过于求的状态，这可能导致失业和闲置劳动力的出现。劳动力供给与需求之间存在着一种替代关系，当劳动力供求不平衡时，劳动力市场会发生结构性扭曲，导致劳动力价格下降，失业率升高。从长期看，随着经济发展水平不断提高，劳动者收入也在逐年增加，劳动力供求趋于平衡，劳动力市场将会逐渐达到新的平衡。在劳动力市场供需失衡的情况下，劳动力市场将采取一系列的调整措施，恢复其平衡状态。其中，最主要的机制就是调整劳动者收入分配结构。此外，调整机制的关键在于促进劳动力市场中信息的互通和提高信息的透明度，因为，只有在良好的信息环境下，才能使劳动力市场达到均衡状态，并促进经济发展。

三、劳动力市场经济学对人力资源经济管理的启示

（一） 正确认识劳动力市场

在劳动力市场中，劳动力的供需互动形成了一种经济现象，决定了工资水平和就业机会。劳动市场的经济理论是经济学的一个分支学科，其主要研究对象是社会再生产过程中劳动者与劳动资料及劳动工具之间相互作用所产生的各种关系。对于企业员工而言，准确理解劳动经济的本质，对于他们的职业发展和决策具有至关重要的意义。

一是员工要掌握劳动力市场的趋势和变化。因为，在某一行业或领域，技术的飞速发展可能会导致某些职位的需求减少，员工需要通过学习新技能或丰富自身背景来适应市场需求。

二是员工要理性看待工资水平和福利待遇。尽管市场竞争或许会对薪酬产生影响，但员工的勤奋程度和业绩表现同样是影响其薪酬水平的重要因素。企业应鼓励员工确立明确的职业发展目标，通过不断提升自身的能力和技能水平，争取更加优越的职位和薪酬待遇，以实现个人职业发展的最大化。

三是企业应鼓励员工积极参与行业内的学习和交流活动，加强与员工之间的沟通和交流，帮助他们树立科学的发展观，使其具有高度的责任感与使命感，能够主动为企业创造价值。企业只有充分理解并尊重劳动经济原理，才能真正发挥出其在人力资源开发中的作用，使人力资源管理工作更具有针对性，也更加符合

时代潮流。

（二）促进招聘效果提升

在人力资源管理的起始阶段，招聘和选拔员工是企业的首要任务。对于招聘而言，理解劳动力市场的供需关系至关重要。当劳动力市场上的劳动力供应过剩时，企业可以更有针对性地进行人才招聘，并有可能获得更多的谈判自主权。因此，在人力资源管理过程中，企业应该充分了解劳动力市场的供求情况，并根据这些信息调整自己的工作计划，从而更有效地制定招聘策略。

一是在招聘过程中，企业必须综合考虑候选人的技能匹配度及自身的技能需求，以确保招聘的人才具备相应的能力和素质。根据劳动经济学的理论，工资水平和就业机会会受到技能稀缺和需求多样性的影响。因此，在招聘过程中，企业可以根据自身所需的技能，寻找那些具备相应技能的候选人，为企业的发展注入新的活力。

二是招聘还应考虑到当地居民对新工作环境的满意程度。在现代劳动力市场中，员工流动性已经成为人力资源管理的主要问题，大多是由于地理因素的影响所致。在招聘过程中，企业应当综合考虑劳动力的地理位置、工资待遇、生活成本及社会福利等多方面因素。企业或许可以考虑提供搬迁或住宿等福利，以吸引更多的人才加入。

三是在招聘过程中，企业可以运用多种渠道和手段，例如人力资源网站、职业介绍所、社交媒体等，以达到最佳的招聘效果。企业借助有效的筛选机制，如面试、考察等，可提升招聘效率和准确性，同时减少不必要的劳动和时间成本。在人力资源管理领域，企业将劳动经济学理论作为一种重要的工具和指导，可以为其发展提供有力的支持。

（三）驱动人力资源培训

根据劳动经济学的理论，企业是否进行培训应当以培训所带来的经济效益为重要的决策依据。培训的效果取决于企业对其投入成本与收益之间关系的认识程度。在规划培训方案时，企业首要考虑的是明确培训的目标和预期的经济效益。培训有利于改善企业绩效，降低运营风险和提升企业形象，而确立经济目标有助于企业对培训成本效益进行评估，从而为培训预算的分配提供可靠的依据。在考虑人力资本的投资回报时，劳动经济学理论将劳动力视为一种资本投资，与其他资本投资（如设备和技术）相似。企业利用经济分析方法，如成本—效益和回报率分析，可以对培训投资的回报情况进行评估，并通过合理规划培训预算和优化投资组合，从而达到优化企业运营的目的。企业根据劳动经济学理论制订培训计划时，须充分考虑技能的稀缺性和需求的多样性，因为这将直接影响到工资水平和就业机会的选择。企业应该针对不同类型的岗位选择合适的技能进行培训，应当对未来可能涉及的新技术和新领域进行深入分析，并邀请业内的专家学者共同制定相关培训课程。制订培训计划时，企业应当综合考虑所需技能和市场需求，以确定相应的培训内容。另外，企业还需要定期对员工进行考核和评估，并将结果反馈给员工，以便及时调整培训内容，保证培训质量，为企业提供源源不断的人才储备。企业可以根据实际情况对员工实施不同层次和内容的激励措施，以激发员工潜能。

综上所述，企业通过将劳动市场的经济学理论与人力资源管理相融合，可以在有限的资源下实现稳健的发展，从而获得更为丰厚的经济回报。在当前市场经济环境中，人力资源管理工作的开展离不开劳动经济学相关理论知识的支持，同时在人力资源的优化配置中也会应用到劳动经济学的相关内容，这对于提高企业运行效率有着十分重要的意义。因此，为了最大限度地发挥劳动经济学的影响力，工作人员必须时刻关注和学习最前沿的管理理念和技术，以确保其在实践中得到充分应用。

第二节　人力资本理论及新解释

有研究表明，第一次提出"人力资本"（Human Capital）这个概念的是美国经济学家 J. R. 沃尔什（J. R. Walsh）。他在其 1935 年出版的《人力资本观》一书中，通过个人教育成本现值和收益现值相比较计算教育的经济效益。但真正形成比较完善的人力资本理论是在 20 世纪五六十年代①。

一、人力资本理论产生的思想源流

从理论历史来看，人力资本理论产生的思想渊源为经济增长理论、教育经济学及现代企业管理理论的研究与发展。

---

① 麻彦春. 人口、资源与环境经济学 [M]. 长春：吉林大学出版社，2007：90.

（一）经济增长理论的发展与人力资本理论的产生

1. 人力资本理论产生的历史背景

随着西方经济从第二次世界大战废墟中的恢复和发展，以及取得独立的许多第三世界国家对发展民族经济的追求，经济增长问题成为经济学研究的热点，人力资源与经济发展的关系也受到经济学家的关注，从而导致人力资本理论的产生。一方面，随着二战后科学技术的进步，尤其是 20 世纪五六十年代的科学技术的进步与发展，西方发达国家把发展科学技术作为促进经济增长、提高竞争能力的主要手段。日本、联邦德国、法国和英国等国的研究开发投入也不断增加。科技的进步使得生产的社会性不断增强，对劳动者的技能要求提高，职业技能的专业化程度日益增加等，这都需要提高劳动者的质量。另一方面，20 世纪四五十年代，发展中国家的政府在物质资本决定论的指导下，大量吸收外国资本，追求国民经济的迅速发展。然而，20 多年的经济发展并未收到预期的效果。发展中国家在其经济发展的过程中，经济发展所需的资本短缺，自然资本尚待开发，人口数量多，所蕴藏的人力资源数量也较多，但质量较低，人力资本积累少。与此同时，形成鲜明对比的是二战后的西欧与日本，物质资本遭到严重破坏，许多城市毁于战火之中，在外资援助下，他们的经济迅速得到恢复。发达国家与发展中国家的经济发展实践，引起经济学家的关注及对其经济发展经验教训的反思。同样利用外资和技术援助，何以在不同国家会产生大不相同的效果呢？两种不同类型国家的经济发展结果，成为这一时期经济学家研究的热点，如舒尔茨、丹尼森（E. Densicm）、麦迪逊（A. Maddison）、法布里坎特（Soloman Fabricant）等经济学家。麦迪逊等人在 1970 年出版的《发展中国家的经济进步和政策》一书中表明，对 1950—1965 年间 22 个发展中国家和地区经济增长的情况进行考察后发现，资本投入对经济增长的贡献占 55%。钱纳里（Hollis B. Chenery）也对这一问题进行了研究，认为在后进国家（或地区）的准备起飞和开始起飞阶段，资本对经济增长的贡献居于首位。这些研究都充分说明了资本在经济增长中的巨大作用。

2. 经济增长理论的困惑与人力资本理论的产生

自凯恩斯（John Maynard Keynes）的《就业、利息和货币通论》发表之后，哈罗德（Roy Forbes Harrod）以凯恩斯有效需求论为基础来考察国民收入在长期内保持稳定均衡增长的条件，试图把凯恩斯采用的短期、静态（比较静态）均衡分析方法应用于国民收入或就业决定问题的长期化、动态化分析，开创了战后经济学研究的一大主题，即现代经济增长理论，促使人力资本理论形成并得以完善。

（1）资本决定论。

它起源于古典政治经济学的资本理论，也是最具有影响的一种增长理论。哈罗德–多马模型的特点是：强调资本对经济增长的作用，资本形成是经济增长的决定因素；模型只表明储蓄和投资、资本—产出比率与产量增长之间的数量关系；模型中的资本—产出，无法考虑劳动与资本的替代问题，把财富看作是资本的产物，劳动只是资本增殖的条件，劳动附属于资本，因而被称为资本决定论的经济增长。这种理论的结论之一就是，只要通过政府的干预，就可以使经济获得长期、稳定、均衡的增长。但它无法解释资本边际收益递减规律带来的资本利润下降与生产规模收益递增的矛盾。现实中的经济增长总是伴随着技术进步，这意味着：由于生产知识的增进，单位生产要素投入带来的产量增长，或者生产单位产品所需投入减少。新古典学派将技术引进新古典经济增长模型，也成为增长理论研究的重要内容。

（2）技术进步决定论。

20 世纪 50 年代开始，技术进步论成为经济增长学的主流。索洛（R. M. Solow）、斯旺（T. W. Swan）、米德（J. E. Meade）等经济学家对资本决定论提出了挑战，放弃了资本—产出不变的假设，引入了技术进步变量。索洛建立了技术进步模型。索洛模型认为，在不增加生产要素投入的情况下，由技术进步改变生产函数提高产出，从而实现经济的长期均衡增长。索洛把无法用要素投入解释的增长的余值归结为技术进步。肯德里克（J. Kendrick）、丹尼森、库兹涅兹（S. Kuznets）等人进一步对经济增长因素的研究也验证了索洛的观点。丹尼森把索洛的技术进步的这种因素进行分解，把它划分成六大类、两大方面（就业人员的教育年限与知识进展），发展了技术进步决定论，但并没有提出人力资本的概念。然而，技术决定论仍然是强调生产过程中"物"的因素，忽视"人"的因素，把劳动看作仅仅需要少量的知识和技能就可以从事的体力劳动，劳动者所具有的生产能力也被假定为同质。

（3）一般的人力资本理论。

20 世纪 60 年代中期，面对增长余值的问题，长期从事农业经济学研究的舒尔茨也在寻求合理的、充分的解释。舒尔茨在美国经济年会上发表了题为《论人力资本投资》的演讲，轰动了西方经济学界，也成为人力资本理论确立的标志。他批评传统的"资本"概念，提出用人力资本理论来解释经济增长源泉问题。舒尔茨将"资本"分为人力资本和常规资本（或物质资本）两种形式。他认为通过教育、健康方面的投资，可以增强人的体力、智力和技能，使一般的人力资源转变为人力资本，即体现在人身上的技能与生产知识存量。他说："我们之所以称这种资本为人力的，是由于它已经成为人的一个部分，又因为它可以带来未来的满足或者收入。"① 舒尔茨通过人力资本的知识效应和非知识效应解释了经济增长的原因，成为人力资本研究的先驱，但在解释经济增长余值的源泉时并没有提出以人力资本为中心的增长模型，人力资本理论还比较一般化。

（4）专业化人力资本决定论。

20 世纪 70 年代末至 80 年代初期，麦迪逊等人通过对发展中国家经济增长因素的实证研究发现：技术进步对经济增长的贡献，发达国家大于发展中国家；而资本积累对经济增长的贡献，发展中国家要大于发达国家。因此，技术决定论再次得到重视。另外，以技术决定论为核心的新古典增长理论不能解释世界经济增长中穷国与富国的增长率和人均收入水平差距拉大，以及国际资本向发达国家"倒流"等现实的经济现象。对此，罗默（P. M. Romer）把劳动力分成纯体力的"原始劳动"与表现为"劳动技能"的人力资本。罗伯特·卢卡斯（Robert E. Lucas Jr）把舒尔茨的人力资本概念与索洛的技术进步概念结合起来并具体化为"每个人的""专业化的人力资本"和"无形资本"，通过模型分析，认为只有人力资本才能使得经济增长，这些理论逐步形成新经济增长理论，同时也把人力资本理论研究推向了新的阶段，建立了人力资本为"增长发动机"的宏观经济增长模型。

舒尔茨的人力资本理论重在解释经济增长余值的源泉，但未提出一个以人力资本为核心的增长模型，人力资本的概念也比较一般化。贝克尔（G. S. Becke）的分析重在微观。他于 1964 年发表了《人力资本》，提出了较为系统的人力资本理论框架，进一步发展了人力资本理论，使之成为系统而完整的理论体系。20世纪 80 年代中期，罗默、卢卡斯的内生经济增长理论出现。学术界称其为新经济增长理论。新经济增长理论的核心在于修改了古典模型中的生产函数，在新古典的生产函数中加入人力资本的投入，给人力资本理论增添了新的内容。

① 舒尔茨著；吴珠华等译. 论人力资本投资 [M]. 北京：北京经济学院出版社，1992：92.

（二）教育经济学中的人力资本理论

1. 教育经济学中人力资本理论产生的历史原因

第二次世界大战后，社会经济领域活动不断扩大与复杂化。在经济大发展的过程中，各国日益意识到教育对经济发展的重要意义。各国对教育的干预也不断增加。这对教育经济学起到了直接的推动作用。如主要欧洲国家组成的经济合作与发展组织，日益认识到科技人才的重要性和培训科技人才的教育事业的重要性，因而在1961年经济增长和教育投资政策会议上，开始表现出对教育的热情。发展中国家也普遍认识到，人力的质量不足，即在教育上缺乏投资，对经济增长的妨碍，并不亚于物质资本的缺乏。教育经济学的各种理论，尤其是人力资本理论，在政府对这些观点的接受和首肯下，无疑受到刺激和推动，同时这些理论也恰好适应了各国制定促进国民经济增长的政策的需要。

人才的竞争在企业竞争中的作用日益重要。第二次世界大战后，世界范围内的科技革命浪潮迭起，国际间的科学技术与经济竞争日趋激烈，企业作为国民经济活动的细胞，也纷纷认识到：国际间的经济竞争就是技术的竞争，而技术竞争又成为教育竞争。教育增强的直接成果是高素质的人力资源，这正是教育经济学中人力资本理论的一个核心观点。

2. 教育经济学中人力资本理论的产生

20世纪60年代，西方许多学者关于教育对经济作用大小和程度的研究进入了全面、系统的探索阶段。在教育经济学的研究过程中，最有影响和最具代表性的就是人力资本理论。它是美国经济学家舒尔茨在总结前人成果的基础上于20世纪60年代确立的。舒尔茨是分析教育与人力资本投资生产率的第一人。美国的经济学家还在人力资本的经济价值的量方面做了深刻的研究，如经济学家丹尼森对经济增长的智力因素的分析，贝克尔通过对家庭行为的分析提出的个人教育收益的计算模式等。除美国以外，在西欧和日本，随着教育经济的发展，一些学者的研究对人力资本理论的发展也起到了一定的作用。

整个20世纪60年代，美国的人力资本理论风靡一时，在教育经济学中占主要地位。二战后，世界各国的教育发生了重大的历史性变革，教育事业的发展取得了惊人的进步。教育的结构和体系的复杂化，学校数量和受教育人口的增多，教育领域的拓展和教育内容的多样化，都使现代教育拥有了新的历史性特征；几乎每一个国家都把教育纳入经济发展的战略轨道，教育在国民经济中的地位更加突出，采取适应经济发展需要的教育措施，成为规范教育发展和学校行为的重要标准。教育经济学对人力资本理论的产生起到直接的作用，使人们对教育的认识发生了革命性的变化。

（三）企业管理理论中的人力资源管理思想

1. 科学管理中的企业人力资源管理思想

随着 19 世纪末期企业的管理职能逐渐与资本所有权相分离，即管理职能由资本家委托给以经理为首的由各方面管理人员所组成的专门管理机构承担，出现了专门的管理阶层；同时，管理工作也成为有人专门研究的一门学问，并产生了"科学管理"的理论。其诞生以 1911 年弗雷德里克·温斯洛·泰勒（Frederick Winslow Taylor）的名著《科学管理原理》和 1916 年亨利·法约尔（Henri Fayol）的名著《工业管理与一般的管理》的出版为标志。被称为"科学管理之父"的泰勒是美国的管理学家，其主要著作有《计件工资制》《车间管理》《科学管理原理》《科学管理》《在美国国会的证词》等。他的理论成果对后几十年的管理实践具有重大的影响，即使在今天，他提出的管理基本原则仍是我们管理思想的重要部分。

2. 行为学派的人力资源管理思想

科学发展到 20 世纪，学科越分越细，学科之间的联系也愈加广泛，相继出现了不少边缘科学，如控制论，在此基础上，科学家开始考虑如何用有关的各种科学知识来研究人的行为。行为科学是一门研究人类行为规律的科学，它的出现为企业人力资源开发提供了科学的理论依据。以泰勒为代表的科学管理理论在人力资源管理方面做出重要贡献，其主要目的是提高劳动生产率，因此也仅侧重于劳动力的生产技能和管理方法方面的培训与素质的提高，对劳动者本身的社会和心理方面的开发却注意不够或忽视了，而且增加了工人的劳动强度，激起工人的反抗，使人力资源的充分开发受到了限制。行为科学学派从认识人的本质出发，提出"人性假设"，并把它作为人力资源开发与管理的基础和前提，大大地丰富了人力资源开发与管理的内容。

20 世纪 60 年代以后，美国又出现了一种所谓现代管理理论。现代管理理论否定了科学管理理论关于"经济人"的假设和行为学派关于"社会人"的假设，而认为员工是"决策人"，即从员工的决策行为出发，研究企业应如何开发人力资源的潜在能力。它承认员工的经济和物质需要，又重视员工的社会和精神需要，认为从决定员工行为来说，非经济的、社会的动机比经济动机更为重要。它认为组织中的成员是具有自主性和个性的；认为员工与经营者一样具有决策的能力和"自由意志"；职工具有自我完善、自我实现的需要，企业领导者的责任就在于创造必要的条件和环境，鼓励员工参与企业决策，让他们的潜能发挥出来。

20 世纪 80 年代初，企业文化理论进一步系统化，这既是行为科学的继续发展，又预示一种新的管理学派——文化管理学派的诞生。在文化管理时代，企业文化是整个管理的关键一环，也是人力资源开发的关键。这说明"以人为中心的管理"，企业人力资源的开发已由开发人的行为上升到开发人的观念的层次上，用一种群体价值观去开发企业的人力资源，发挥出群体的劳动热情和首创精神，从而形成配合默契的团队，这是竞争力、内聚力和组织活力的真正来源。

总之，行为科学学派使人力资源管理的思想重心发生转移，即由注重人力资源外在要素量的开发与管理，转移到注重人力资源内在要素质的开发与管理。

3. 其他管理理论中的人力资源管理思想

在管理理论的发展过程中，还存在众多的管理学派，它们都在人力资源管理领域做出自己的贡献。

管理科学学派与泰勒的"科学管理"理论实际上属于同一思想体系，但它不是"科学管理"的简单延续，而是有新的发展，即将数学模型、计算机技术引入管理领域。这是因为，一方面，二战后的经济全球化的进展，使世界大市场初显轮廓并使竞争激化，企业再也无法忽视市场对内部管理的影响，使封闭的环境观转入开放型；另一方面，由于战争中应用数学与统计学定量分析工具被用于解决军事作业问题，促使二战后美国出现了运筹学的发展及其运用，开发了大量的实用性数学模型，同时"第一台"计算机在美国的出现更使运筹学如虎添翼。从此，管理进入了精密科学的宫殿，也开辟了定量研究人力资源管理并对其进行经济效益分析的道路。

系统管理学派把管理的对象看作一个整体，用一个有机联系的系统研究企业管理的任何个别事物。企业包括生产系统、物质系统、人员系统、信息系统等，企业管理要从系统的整体出发。系统管理学派将古典的管理理论与行为科学相结合，把企业人力资源管理放在组织整体系统中加以考虑，将人力资源系统作为组织整体系统的子系统来分析和研究，可以全面地研究各个因素及其对人力资源管理的影响。它认为，人是企业系统的第一因素，企业的主人是人，企业的一切活动要靠人来进行。只有充分调动人的积极性，才能提高经营管理和生产的效益等。

二、人力资本理论及其发展

人类与国家进步和经济发展的关系较早就成为人们探讨的课题。马克思、亚当·斯密（Adam Smith）与阿尔弗雷德·马歇尔（Alfred Marshall）在其经济理论中就有关于人力资本理论问题的研究。马克思的经济学说是建立在劳动价值学说基础之上的，其人力资本理论集中体现在其巨著《资本论》对资本主义积累规律、社会总资本扩大再生产等的分析与阐述中。斯密在其传世之作《国民财富的性质和原因的研究》（1776）中对社会财富的来源及财富如何积累进行了研究，认为劳动是一切财富的源泉，也确立人力资源在社会经济中的地位。

传统西方经济理论中的"资本"一般是指处于生产过程中的厂房、机器设备、存货等各种有形的物质生产要素的数量与质量。直到20世纪60年代，舒尔茨和贝克尔等一些经济学家创立了人力资本理论，完善了资本的概念，即资本包括物质资本和人力资本。人力资本理论的出现对于经济学的发展，尤其是对经济增长理论、经济发展理论、家庭经济学理论的发展具有重大意义。

（一）舒尔茨的人力资本理论

美国经济学家、1979年的诺贝尔经济学奖得主舒尔茨是人力资本理论的创始人。他的《人力资本投资》《教育的经济价值》等一系列论著使其人力资本理论系统化、理论化。舒尔茨是从探索经济增长和财富丰裕的秘密而逐步踏上研究人力资本的道路的。舒尔茨的人力资本理论主要包括以下四方面内容。

第一，人的知识和技能被认定为资本的一种形态，称为人力资本。舒尔茨首次提出人力资本的概念。舒尔茨提出了广义资本的概念。资本有两种形式：一种是体现在产品上的物质资本，另一种是体现在劳动者身上的人力资本。由于各劳动者的素质、工作能力、技术水平、熟练程度各异，所以受教育和训练之后，各劳动者的能力、智力、技术水平等提高的程度也不相同。因此，人力资本是以劳动者的质量或其技术知识、工作能力表现出来的资本。人力资本是与物质资本相对应的，两者共同构成国民财富。舒尔茨认为，人力资本包括用以形成和完善劳动力的各种投资。他认为人力资本形成包括：学校教育，它包括初等、中等和高等教育；医疗与保健，它包括正面影响一个人的寿命、力量、耐力、精力等的所有费用；在职人员训练，它包括企业旧式的学徒制；企业以外的组织为成年人举办的学习项目，包括农业中常见的技术推广项目；个人或家庭为适应就业机会的变化而进行的迁移活动。

第二，人力资本存量对劳动生产率的提高和经济的增长起着越来越重要的作用。1960 年，舒尔茨在美国经济学会上发表的《人力资本投资》对人力资本理论做了系统的阐述。他认为，人力资源是一切资源中最主要的资源，人力资本理论是经济学中的核心问题。并非一切人力资源都是最重要的资源，只是通过一定方式的投资，掌握了一定知识和技能的人力资源才是经济发展的决定因素。舒尔茨用战争期间物质资本受到极大破坏的国家能够在战后迅速复兴经济的实例，来证明在经济增长中，增加对人力资源的投资要比增加对物质的投资更加重要。

第三，教育投资应以市场供求关系为依据，以人力价格的浮动为衡量符号。舒尔茨认为，我们面临一个动态世界，因此，国家企图对所需各种人才制订出长期的培养计划，并照计划执行，实际上是很难办到的。只有根据人力市场的供求变化，按照"有人乐于出钱上什么大学，你就办什么大学"的原则行事，才能满足国家对各种人才的需要。这就是说，各个时期对教育投资的多寡，对各大学专业投资的多寡，都必须遵循自由市场的法则。

第四，创建了人力资本投资收益的计算方法，并提出了人力资本的投资标准。人力资本的未来收益（包括个人的预期收益和社会的预期收益）要大于它的成本，即大于对人力资本的投资。在上述标准的基础上，舒尔茨创立了人力资本投资收益的计算方法。所谓人力投资收益率就是人力投资在国民收入增长额中所占的比率。

舒尔茨的人力资本理论使人们认识到"人力"是经济发展中的主要因素，提高"人力"的质量成为经济发展的关键。鉴于他的贡献，瑞典皇家科学院称舒尔茨是"研究人力资本理论的先驱"。

（二）贝克尔的人力资本理论

贝克尔被认为是现代经济学领域最有创见的学者之一，他曾与舒尔茨同在芝加哥大学执教，同时成为人力资本理论研究热潮的推动者。他的人力资本理论研究成果集中反映在他 1960 年后发表的一系列著作中，最有代表性的是《生育率的经济分析》《家庭论》《人力资本投资：一种理论分析》。其中，《人力资本投资：一种理论分析》被西方学术界认为是"经济思想中人力资本投资革命"的起点。贝克尔的贡献表现在对人力资本投资的微观分析上。其基本的思想为：

第一，人力资本即是教育投资。贝克尔认为，教育是资本的形式之一。之所以说资本是人力的，是因为这个形式是资本的一部分；人力之所以称为资本，是因为它既是今后富足的源泉，又是今后工资的源泉。贝克尔认为，"人力资本的投资增加主要是技术进步"，并导致"增加技术人员的相对供给"，因此，"许多工人通过在工作中学习新技术并完善旧技术而提高了他们的生产率"[①]，使新的更好的物质资本发挥更大的作用。

第二，提出了人力资本投资收入效应理论。贝克尔运用经济数学方法，对家庭生育行为进行经济决策和成本—效用分析，提出了生育、培养孩子的直接成本和间接成本的概念，家庭时间价值和时间配置的概念。贝克尔通过人力资本收入函数分析拓展了人力资本收入效应的内涵。他指出，生产与消费在人力资本投资中得到有机统一。人力投资的全部成本等于直接成本与间接成本之和，投入要素可归为时间投入与产品投入两大类，投资方式以"在校学习"或接受在职培训为代表。人力资本投资的全部收入表现为货币收入与心理（消费）之和，那么，人力资本投资与产出的均衡条件是"人力资本投资的边际成本的当前价值等于未来收益的当前价值"。贝克尔通过人力资本收入函数的分析，认为人力资本的增加不仅可以改变市场上"时间的生产力"，还可以改变家庭消费或人力资本本身的"时间与产品的生产力"，人力资本的积累可以"改变"人力资本本身的生产函数。

除舒尔茨、贝克尔以外，美国经济学家丹尼森在 20 世纪 60 年代初，依据美国的历史统计资料分析了美国经济增长因素，其对人力资源要素作用进行计量分析的计算方法比舒尔茨更为严谨。丹尼森在人力资本经济分析领域的核心贡献是，他运用传统的经济方法评估劳动和资本对国民收入增长的影响时，对那些之前未被认识的、不能单纯由劳动和资本投入来解释的剩余部分，进行了深入的定量分析和阐释。

自此以后的 20 世纪六七十年代，人力资本理论在其自身理论体系不断深入完善的基础上，进一步向更广泛的研究领域扩展，并大大促进了相应领域的研究进展。

（三）人力资本理论的新发展

进入 20 世纪 80 年代，尤其是 80 年代后期，人力资本理论研究的势头更加猛烈。以保罗·罗默的《收益递增和长期增长》及卢卡斯的《论经济发展机制》

---

① 贝克尔著．梁小民译．人力资本［M］．北京：北京大学出版社，1987：62．

为标志，经济学学者的研究视野进一步拓宽，尤其是开始注意研究发展中国家的经济发展，强调人力资本存量和人力资本投资在从不发达国家向发达国家经济转变的过程中的重要作用，确立了人力资本和人力资本投资在经济增长和发展中的重要作用，给人力资本理论增添了新的内容。

第一，罗默的来自人力资本的经济增长——收益递增型的增长模式。罗默的新增长理论大致可分为两个阶段：在新古典的完全竞争假说下运用人力资本理论考察经济增长的第一阶段，代表作是 1986 年的论文《收益递增和长期增长》；在垄断竞争条件下把人力资本具体化并作为内生变量考察经济增长的第二阶段，他构建了"收益递增型的增长模式"，其代表文章是 1987 年的论文《基于因专业化引起收益递增的增长》和 1990 年的论文《内生的技术变化》。罗默以技术内生和规模收益递增为前提，建立"收益递增型的增长模式"，将特殊的知识和专业化的人力资本作为经济增长的主要因素，它们不仅能形成递增的收益，而且能使资本和劳动等要素投入也产生递增收益，从而使整个经济的规模收益递增，递增的收益保证着长期经济增长。1990 年，在《内生的技术变化》中，他又构建了一个更加完整的经济增长模型，即把产量设为技术、人力资本、物质资本和劳动等生产要素的函数，技术和人力资本具体化为生产的专业化知识和一般知识并对经济增长具有决定性的作用。知识（或技术）被赋予一个完全内生化的解释，它是经济主体利润极大化的投资决策行为的产物，由专门生产知识的研究部门生产。它具有独特的性质，既不是传统的经济产品（具有竞争性），也不是一般的公共物品，它是非竞争性的、部分排他性的物品。

罗默将知识作为一个独立的因素纳入增长模式，并且认为知识积累是促进现代经济增长的重要因素。他把知识分解为一般知识和专业知识，一般知识可以产生规模经济效益，专业知识可以产生要素的递增收益。两种效应的结合不仅使知识、技术和人力资本本身产生递增的收益，也使资本和劳动等其他投入要素的收益递增。

第二，卢卡斯的"专业化人力资本积累增长"模式。卢卡斯于 1988 年发表了以人力资本为核心的另一个新增长模型，尝试用人力资本解释持续的经济增长。他证明了人力资本的增长率与人力资本生产过程的投入产出率、社会平均的和私人的人力资本在最终产品中的边际产出率正相关，与时间贴现率负相关。卢卡斯的"专业化人力资本积累增长"模式运用了更加微观化的变量分析方法，将舒尔茨的人力资本引入索洛模型，视其为索洛模型中技术进步的另一增长的动力形式，并具体化为"每个人的""专业化的人力资本"①。"两时期模型"是一个"人力资本积累模式"。人力资本积累取决于由物质资本和人力资本相互作用形成的专门学习时间的多少、人力资本存量及人力资本的产出弹性。通过人力资本的不断积累与增长率的提高，经济增长可以持续和提高。在这个模型中，他把资本区分为物质资本与人力资本两种形式，将劳动划分为"原始劳动"与"专业化人力资本"，认为专业化的人力资本是促进经济增长的真正动力。

卢卡斯区分了人力资本所产生的两种效应，即舒尔茨的通过正规或非正规教育形成的人力资本产生的"内生效应"（Internal Effect），它表示为资本和其他生产要素的收益都发生递增，以及阿罗（K. Arrow，1962）的"边学边干"（Learning by Doing）形成的人力资本所产生的"外在效应"（External Effect）作用的结果。卢卡斯用"两商品模式"（Two Goods Model）表述了其观点：说明人力资本不是通过学校学习，而是通过"边学边干"所形成的外在效应；同时也说明，一般人力资本不是产出增长的主要因素；生产某一种商品所需的特殊的或专业化的人力资本（专业化的劳动技能）才是产出增长的决定性因素。舒尔茨（1989）认为，对人力资本两种效应的区分是卢卡斯对增长理论的主要贡献。

第三，斯科特的"资本投资决定技术进步"模式。斯科特（A. D. Scott）曾被英国《经济学家》杂志列为"新"增长理论反对派的代表人物。他认为"新"增长理论将人力资本或知识投入作为单独的要素是错误的，知识投入或人力资本与投资是结合在一起的。他强调技术进步的作用与投资密不可分，而且这种作用可以用投资的数量来测量。他认为技术进步是经济增长的主要因素，这方面与"新"增长理论相同。

斯科特从动态方面考虑了劳动力质量提高对经济增长的推动作用，建立了一个有物质资本投入和"质量调整过的劳动力投入"两个变量的简单模式。科斯特依据10个国家100多年经济增长的统计和技术专利历史的研究，强调了技术进步对资本投资的依存关系，即资本投资决定技术进步。这个模式强调资本投资决定技术进步，但不是简单地重复古典的资本积累论，而是同时强调了经济增长中知识和技术对劳动力质量和劳动效率的影响。

人力资本理论的产生与不断发展的过程，实质上是人们对人力资本在经济发展及增长中的地位的正确认识过程。这些理论为我们进行人力资源管理实践提供

---

①　薛进军. 经济增长理论发展的新趋势［J］. 中国社会科学，1993（03）：33-43.

正确理论指导。

三、人力资本理论研究的突破方向

从人力资本管理研究现状来看，人力资本理论的研究还有许多有待突破之处。

（一）人力资本的量化问题

1995 年 9 月，世界银行在宣布的新的国家财富计算方法中指出，一国应把经济、社会和环境综合起来计算各国的财富，这包括自然资本、创造资本、人力与社会资本。但如何量化人力资本的问题至今理论界还未突破，其主要原因包括四方面。

首先，由人力资源投资活动决定的。根据舒尔茨的人力资本理论，人力资本是体现在生产者身上的资本，即对生产者进行普遍教育、职业教育、继续教育、卫生保健等支出（直接成本）和其在接受教育时放弃的工作收入（机会成本）等价值在生产者身上的凝结，其表现形式就是蕴含于人自身中的各种生产知识、劳动技能和健康素质的存量总和。那么，只要是进行了人力资源开发投资，就必须计算人力资本。但是，如何将维持人力简单再生产（形成自然人力资源）与人力资本投资（形成人力资本资源）加以区别则是一个难点。有些学者为了讨论问题的方便，在计量人力投资时往往把形成人力资本的人力优生、发育、健康、营养等方面的投资忽略不计。

其次，随着社会经济生活、生产力水平的提高，人们生活水平也在不断提高，给人力资本核算范围的界定带来困难。

再次，人力资源开发活动的内容广泛，给量化带来困难。从人的出生起，一切有利于提高人的素质的开发活动或投资均形成人力资本，这种投资具有经济性，要建立完整的量化体系并不容易。如美国、加拿大都是世界上主要的移民国家，高科技人才的迁移流动，以及大规模培养外国学生的项目计划等均涉及人力资本形式的国际流动，人力资本理论认为这将形成一国的人力资本，但在两国的官方国际收支统计中都没有记录或反映。

最后，人力资本的特征也增加了量化难度。众所周知，物质资本即资金、机器、设备及能带来剩余价值的价值，它是一种有形的资本；而人力资本，由于其构成知识与技能以一种潜在的方式存在，表现为无形的资本，难以量化。

（二）人力资源投资收益的量化问题

这是由人力资源投资收益的复杂性与特征性决定的，表现在以下五方面。

一是收益者与投资者的非一致性。人力资源开发投资主体可以是政府、企业或家庭（个人）三者中的某一方承担，或两方、三方共同投入，其收益一般说三方都能获得。

二是收益取得的滞后性。人力资源投资的主要部分——人口生产费用和教育费用，一般要在相当长时间以后才发生作用并获得收益。

三是收益的间接性。人力资源投资的收益往往不直接表现为实物产值的增加，而总表现为人的健康、知识和技能的增加，只有把人力资本存量投入生产运行之中，才能间接地看出它们对经济活动的实际影响。

四是收益本身的非量化性。人力资源投资只有在人力资本投入生产运行之中时，才能间接地看出其对经济活动的实际影响。舒尔茨与丹尼森等经济学家的研究已有关于收益核算的成果，但如何精确估量人力资本投资对实现社会目标的作用程度，还有待进一步研究。

五是收益的多方面性。正如舒尔茨所分析的，对人力资源的开发投资能直接带来人们生活水平的提高，可以说是直接取得社会收益，而用于教育、卫生保健、劳动保护、人力流动等方面的投资，还可以提高人的教育水平，从而提高人的社会地位和有利于社会平等，改善劳动者工作环境，减少疾病对人类的危害，增加劳动者自主性，在多方面有利于人类社会的进步和发展，具有多方面的效益。这些特点无疑都给人力资本量化带来难度。

（三）人力资本"载体"——人的研究

人力资本与其他任何资本的区别在于，其承担者是人，而不是物。人有思想、有意识、有个性、有情感，有社会交往和个体经验等，其生产能力的发挥不可能不受其个人的思想、感情、经历和环境的影响；有时，这种影响起着决定性的作用。

此外，在一定经济体制条件下，政策、体制运转对人力资源的影响不可忽视，不考虑以上这些因素，理想化地套用人力资本理论，则很难与经济发展的实际相吻合。

第三节　人力资源投资与风险规避

人才是企业实现可持续发展的必要因素，人的知识积累得越多，学习新知识就越快、越容易，随着投资的不断进行，人力资源的能力不断增强，带来的收益也越来越大。

一、我国人力资源投资与收益的比较

下面将从人力资源的投资和人力资源收益分析的意义出发，对两者进行具体比较，从而得出最佳的人力资源投资应用方案。

（一）我国人力资源投资

1. 人力资源获取的成本

人力资源获取即是对员工进行招聘和录取，在这个过程中会发生一定的费用支出，即成本。相较于发达国家，由于其在获取人力资源过程中，对行业的宣传、品牌推广等力度比较大，这就使其在获取人力资源过程中所付出的成本较少，而由于我国各行业对宣传和品牌推广并不十分重视，这就使人力资源获取过程中的成本得以增加，需要耗费较高的成本费用才能招纳到优秀的人才。

2. 人力资源开发的成本

通过人力资源投资，可以有效确保员工整体素质的提升，但要想实现这个目标，对员工进行技能培训和教育是必不可少的途径，在培训和教育工作中需要一定的费用支出，这即是人力资源开发成本。但通过对我国人力资源管理的现状进行调查发现，当前我国很大一部分行业在员工培训方面还存在许多不足之处，能够获得培训资格的人数还较少，不能全面覆盖行业内的所有职工，这就对公平性带来了较大的影响，制约了人力资源开发的健康发展，不利于员工工作积极性的提高，还会影响员工的工作效率，不利于行业经济的健康发展。

3. 人力资源使用和人力资源遣散的成本

员工是人力资源管理工作的重要因素，在员工工作期间，需要支付一定的薪酬，即人力资源使用成本。而遣散成本则是指员工离职离岗后产生的成本。当前我国在人力资源遣散方面还存在着资金投入不足的问题，特别是在离职人员安置及退休人员安置等方面，虽然从短期上可以有效地减少人力资源遣散成本，但长远来看，会对优秀人才的招聘带来较大的影响，不利于长远经济效益和发展。

（二）我国人力资源收益的现状

当前我国各行业人力资本投资收益还主要以员工过去创造所获得的回报作为主要依靠，所以人力资源投资收益的高低与员工创造的劳动回报率成正比，即员工创造的劳动回报率高，则人力资源投资收益也会相对较高；反之，则投资收益也会变低。人力资源投资收益受人力资源投资过程中的影响较大，特别是在对人才获取过程中，如果人才选择及人才配置出现错误，则会导致人力资源投资收益出现下降的情况。当前各行业员工的回报率还是较高的，即其所带来的收益和资本投资比值处于较高的水平，但从整体发展趋势来看，还存在许多不足之处。当前人们生活水平处于不断提高的新形势下，员工素质提高的速度也较快，这就使员工对自己的薪酬要求也在不断提升。而各行业很大一部分差额收益来自较低的员工工资和福利，这就需要各行业加快自身创收能力的提升，强化资源优化配置能力。在物质资本投资过程中，投资者通过获得相应投资对象的所有权，从而使这些资产投资收益得以提高。人力资本投资与物质资本投资不同，个人拥有人力资本的所有权，投资对象以个人的知识和技能的提高成为投资的直接受益者，而各行业作为投资方只能通过员工以更高效率的劳动进行收益的获取。所以要想增加投资收益，不仅需要对被投资者的积极性和创造性进行充分调动，还要通过进一步对激励制度内部约束机制进行完善，从而确保人力资源收益的提升。

（三）人力资源投资与收益的关系

通过加大对人力资源投资的力度，可以有效提高人力资源的素质和专业技能，确保人力资源投资收益的最大化。在对人力资源投资收益进行分析的过程中，需要根据人力引入和开发过程中的成本投入来评估人力资源的价值，确保为人力资源投资决策提供科学的数据参考。而在人力资源收益分析时，还需要以人力资源投资作为其计算的重要基础，这样才能对人力资源的价值、成本和需求进行科学的预测，进一步对投资收益进行确定。这不仅有利于人力资源投资决策方案的调整，而且对人力资源投资效果的强化也具有积极的意义。通过对人力资源收益进行分析，针对人力资源投资方案进行收益分析，管理人员可以更好地调整和改善人力资源投资和管理的问题，有效降低人才的流失，确保人力投资效益能够得到有效的保障。

在人力资源分析过程中，人力资源投资和人力资源收益作为其中非常重要的因素，两者相辅相成，具有相互促进和相互作用的特点。人力资源投资和人力资源收益作为人力资源管理工作的重要内容，是人力资源开发、利用和管理的重要保障，有利于人力资源最大化价值的实现。由于我国还属于发展中国家，经济与发达国家还存在较大的差距，在人力资源投资上还未能满足社会发展的需求，当前对员工的培训和教育等投入还处于较低水平，这就使人力资源的发展还无法满足社会发展过程中对人才的需求。特别是我国部分行业中并没有将员工培训费用作为一种投资，而是将其算作当期的经济损益，这就会对员工培训阶段行业的经济收益带来一定的影响，从而导致人力资源的开发受到一定的制约，不利于人才发展计划的实施。这样不仅会导致人力资源竞争力下降，而且对整体的经营管理水平提升也会产生一些不利影响。

通过对人力资源投资和收益分析进行有效的比较，不仅对人力资源管理工作具有非常重要的意义，而且对于实施人力资源开发也具有十分关键的作用。在人力资源投资收益分析过程中，需要我们加强对职工的岗位教育和培训，加大对人力资源的投资力度，这样才能获取更好的投资收益，确保社会和经济能够健康、有序地发展。

二、人力资源投资的风险构成与规避

良好的人力资源及其合理的组合，对企业的贡献会超过任何其他资产，而且人力资源保持效果的期限一般比较长。然而，人力资源价值以人为载体，其实现程度受主观能动因素影响较大，企业所能支配的仅仅是其一定时期的使用权，而非所有权，这样便难免出现人力资产在投资回收的最佳状态时离开。那些质量好、品位高的人力资源一般比较容易流失，使企业的投资付之东流，甚至有可能泄露企业技术和商业秘密，使企业蒙受更大的损失。因此，企业在进行人力资源投资时，必须与人力资源承载人进行谈判，根据合同来规避投资可能存在的高风险。

（一）人力资源投资风险的构成

1. 信息风险

（1）不对称风险。在招聘员工时，企业对员工的身体素质、学历、能力等方面的了解远不如其对自身的了解。个人的身体健康状况属于隐私，如果企业想通过医疗手段检测所招聘员工的健康状况，容易引起员工的不满和侵犯公民平等参加社会劳动的权利。但不这样做，所招聘的员工有可能因身体素质原因不能适应企业需要，而给企业造成损失。对于员工能力的了解，更是非得经历一个较长时期，才能发现该员工到底是否具备满足企业需要的能力。而这一时期，企业已为其支付了大量资金，造成了企业资源的浪费。所以信息风险特别是非对称信息给企业人力资源投资收益带来了极大的风险。

（2）信息传递风险。企业每个员工在工作中的表现即人力资源的使用情况，不可能适时反馈到相应的决策管理部门去，从而不能适时进行控制和修正。在许多情况下，有可能员工的工作行为已给企业资源造成了浪费或者损害了企业整体利益，企业还不知道，更谈不上修正。如一个员工根本不适合现有岗位工作，将会给企业造成危害。

2. 配置风险

企业人力资源的配置就是将人力资源投入企业的职业劳动岗位，使之与其他经济资源相结合，形成现实的经济运动，使得人尽其才，提高企业的经济效益的过程。在企业人力资源的整合和运用过程中，不能根据人力资源特长适当安排岗位，造成人力资源的浪费，这就是配置风险。如大材小用，导致员工的能力过剩，令员工产生屈才心理；小材大用，导致员工力不从心，不能胜任，虚占其位，贻误工作；或优才劣用、高才低用、专才别用（如认为重用就是把其放到领导岗位上等），都会造成人力资源的荒废和闲置。还有的企业领导乱指挥，限制人力资源的创造性劳动。

3. 道德风险

人力资源的道德风险是指企业员工为获取自己的最大利益，不惜规避企业的各种制度和规范，从而牺牲企业利益的一种可能性。如企业技术人员隐藏技术开发的难度和关键障碍，故意夸大成功的概率，诱使企业投入资金，作为自己技术试验的经费，如果失败，自己没有损失；如果成功，则皆大欢喜。企业在对一般员工的使用上，也存在着道德风险。如企业员工消极工作，只要自己的工作在企业整体中不是居于最后，就不去提高工作效率，不增加工作投入的热情；或者只要不是在自己的职责范围内，发现有损企业利益的行为不制止，不采取措施等。

4. 流动性风险

人力资源的流动性风险是指拥有知识技能的高素质员工的流动倾向性给企业

带来的损失的不确定性。知识经济时代的到来，生产的主要驱动力不再仅仅是土地，具有高知识技能存量的高素质人力资源的边际收益递增特性是企业经济效益长期持续增长的现实保证。但人力资源是新经济条件下的稀缺资本，作为高素质人力资源的员工又有为其自身寻求高利润领域的流动愿望。所以，只要在企业之外存在一个比本企业收益性更高的空间，那么必然会激发员工的流动性愿望。

（二）人力资源投资风险的规避途径

1. 细致做好工作分析

企业在选择人力资本投资对象时，首先要了解人力资本要在哪项工作上发挥作用，并且了解这项工作的特点，这时就应当进行工作分析，如果工作分析出现偏差，导致聘用了不合适的员工，就会造成人力资本的浪费。所以，工作分析这道程序是非常重要的。在进行工作分析时，应当搞清楚此工作分析的用途和目的，只有明确了目的才能决定收集何种信息及用何种方法收集信息。有些技术对于编写工作说明书和为空缺的工作岗位甄选雇员是极为有用的。工作分析从本质上讲就是一个收集信息的过程，用不同的方法把工作的信息收集后进行组织与整理，最终形成针对工作分析目的的工作说明书。

2. 落实人事测评工作

人事测评是应用现代心理学、管理学、计算机学及相关学科研究成果，通过心理测验、履历分析、评价中心、面试等技术，对人的知识、技能、能力、个性进行测量，并根据工作岗位要求及企业组织特性进行评价，实现对人的准确了解，将最合适的人放在最合适的岗位上，实现最佳工作绩效。一些评价机构没有使测评结果与相关的用人单位建立起联系，没有在人才与工作单位之间起到沟通的作用，单位对人的能力进行评价而不能把这种能力转化到具体的工作中去体现它的价值，是影响人才测评结果的一个重要原因。因此，人才测评工作要规避风险，做好与工作单位的沟通，明确测评的目的，招聘到合适的优秀人才。

3. 人力资本投资收益分析

目前，人力资本投资的定量分析还没有完全确立，但是在很多方面已经有了一些研究成果，如根据人力资本投资理论已经产生了教育经济学、卫生经济学和人力资本会计学。人力资本投资预测包括每项投资的成本预测，这需要人力资源管理者具有战略性的眼光，预测人力资本的发展方向，同时人力资源管理者也应当做好市场调查研究，使人力资本投资行为以市场为导向，挖掘最有潜力的人力资本；做好人力资本投资成本核算工作主要是达到用最小的投资成本获得最大的投资回报率的目的，适当的人力资本投资量应当使边际的产出值等于追加投资的边际成本；在每项人力资本投资后，管理者应当做好分析工作，使人力资本投资获得连续性的收益；虽然目前人力资本投资的收益率方面的定量研究尚不完善，但作为人力资源管理者应当在战略上做好控制工作，利用经济学的方法，进行会计核算、效益评估等，降低人力资本投资的风险。

综上所述，随着知识经济的发展，人力资源管理的职能已经而且必将产生重大的变化，转向主要以人力资本投资为核心，建立起有效的收益权实现机制，防止人员流失带来损失。在目前的条件下，投资方与被投资方自愿选择、签约投资（与接受企业安排的出国进修、在职专向技能培训的成员事先签订合约）、履约使用、违约赔偿，应该是企业维护收益权的最佳选择。

第三章　新经济时代人力资源管理创新

第一节　知识经济与人力资源管理创新

知识是当代社会核心的生产要素，对企业的发展具有至关重要的作用。随着社会经济体系的转变，传统的物质生产方式逐渐向知识生产方式转变，因此，企业需要密切关注知识经济的发展动态，并调整相关管理策略。作为经济发展的微观载体，人力资源也需要适应新的经济模式，为此，企业应合理配置人力资源，通过知识经济理论来化解发展过程中的各种危机和面临的各种挑战，从而提升核心竞争力。

一、知识经济时代的基本内涵

知识经济时代是以知识为基础，以信息技术和通信技术为手段，以创新为核心，以人的全面发展为目标的经济时代。这个时代的特点是知识成为重要的生产要素，信息技术和通信技术成为推动经济发展的重要力量，创新成为企业和国家的核心竞争力。在这个时代，知识不仅是一种工具，更是一种资源，它能够创造价值，推动经济发展。同时，信息技术和通信技术也是企业和国家发展的基础设施，能够提高生产效率与生活质量，推动社会进步。在知识经济时代，人的全面发展成为重要目标，这不仅包括知识、技能和素质的提高，还包括思想、情感和精神的提升，人们开始意识到，发展不仅是经济的增长，更是人的全面发展。因此，知识经济时代会更加注重人的价值和尊严，更加关注社会的公平和正义。

二、知识经济时代人力资源管理的新要求

（一）重视对综合性人才的开发

在当前的经济发展形势下，注重综合性人才的开发具有重要意义。党的二十

大报告提出了"人才是第一资源"，强调人才对于推动经济高质量发展的关键作用。同时，随着全球经济一体化的深入推进，国内外的社会热点问题也对企业人力资源管理提出了新的挑战。

企业应注重综合性人才的开发，一方面，可以适应当前经济发展的需要，提高企业的创新能力和市场竞争力。因为综合性人才具备跨学科、跨领域的知识和技能，能够更好地适应市场需求，推动企业的创新和发展。另一方面，可以积极应对当前国内外社会热点问题与挑战（如人口老龄化、环境保护等），为企业可持续发展提供有力支撑。因此，注重综合性人才的开发是知识经济视野下企业进行人力资源管理的关键。企业需要通过建立完善的培训体系、提供多元化的职业发展机会和平台、激励员工不断学习和创新等方式来吸引和培养综合性人才，更好地适应当前经济发展的形势，提高企业的竞争力和可持续发展能力。

（二）关注员工职业能力发展诉求

知识经济的崛起改变了企业的运作方式和竞争格局，因此，在当今经济发展形势下，企业人力资源管理必须紧密关注员工职业能力提升的迫切需求。根据国际劳工组织（ILO）的数据，全球知识经济的增长速度远远快于传统产业，对于高技能劳动力的需求也大幅度增加。在知识密集型行业，高技能人才的平均薪资远远高于低技能劳动力，所以员工能力的提升是企业保持竞争力的关键。

目前，我国正积极参与全球竞争，并且已经成为全球主要的知识产权申请国，在这个背景下，企业需要高水平的员工应对国际竞争和跨国业务的挑战。另外，员工职业能力的提升与满意度和忠诚度密切相关，企业注重员工的职业能力发展，不仅有助于提高员工的幸福感，还有助于实现企业承担社会责任的目标。

（三）更加注重挖掘员工的潜力

在知识经济中，知识创新成为企业竞争的关键因素，员工的潜力不仅包括已有的技能和知识，还包括他们未来可能获得的潜在知识。通过挖掘和激发员工的潜力，企业可以更好地应对快速变化的市场需求，不断创新，保持竞争力。知识经济的特点之一是市场的快速变化和不确定性增加，企业需要具备灵活性和适应性，而员工的潜力是实现这一目标的关键，挖掘员工的潜力意味着他们能够适应新的挑战和机遇，迅速学习和适应新知识和技术。除此之外，在知识经济时代，吸引和保留高素质员工至关重要，企业需要关注员工的发展，满足他们的合理职业愿望，留住优秀人才。

三、知识经济时代人力资源管理存在的问题

(一) 过度重视员工绩效考核，忽略员工知识需求

首先，企业在制定员工薪酬和奖励政策时，往往以员工的绩效考核为主要依据，而忽略了员工的知识和技能贡献，这种做法容易导致员工的付出不能得到应有的认可和回报，影响员工的积极性和创造性。

其次，企业在人力资源管理中，往往只关注员工的短期业绩，而忽略了员工的知识和技能储备及长期职业发展，导致企业在未来的发展中缺乏足够的人才支撑，影响长远发展和市场竞争力。

此外，忽略员工知识需求也容易导致员工在工作中缺乏独立思考和创新精神，仅关注完成工作任务，没有时间和精力去学习和掌握新的知识与技能，这不仅影响了员工的个人成长，也影响了企业的创新能力和市场适应性。

(二) 过于侧重物质激励手段，轻视员工职业规划

企业往往过于侧重物质激励，而轻视员工的职业规划，这表现在过分强调提高薪酬，将薪酬作为主要激励手段，而忽视了员工的职业发展和成长需求。一些企业缺乏完善的职业发展支持机制，如培训、导师制度或晋升机会，使员工感到他们的职业规划得不到认可和支持，这种短期激励的优先级也可能导致员工职业目标与企业的短期利益产生冲突。此外，一些企业更倾向于招聘外部人才，而忽视了内部员工的潜力，限制了员工的职业晋升机会，这可能会降低员工的满意度，导致员工流失，影响了企业的稳定性和竞争力。

(三) 追求短期经济效益，轻视员工培训投入

企业在追求短期经济效益的过程中，往往只关注当前的业绩和收益，而忽视了员工培训投入对企业长远发展的重要性。轻视、缺乏员工培训投入会导致员工缺乏必要的技能和知识，使他们无法胜任工作中的挑战和任务，影响工作效率和质量。员工缺乏培训机会和个人发展规划，容易对企业的满意度和忠诚度产生负面影响，导致员工流失率增加。此外，在快速变化的市场环境中，企业忽视员工培训投入，将导致员工无法及时适应市场变化和企业发展需求。

四、知识经济时代人力资源的变革与发展策略

(一) 构建科学的绩效考核体系

在知识经济时代，企业需要从多个角度出发，综合考虑员工的知识、技能、创新等多个方面，以全面评估员工的能力和贡献。合理的绩效考核体系不仅有助于企业提高生产效率，还可以激励员工发挥自己的潜力，提高工作积极性和创造力。从经济学角度分析，绩效考核体系的建立需要考虑员工个体和企业的利益最大化。一方面，企业需要确保绩效考核体系的公平性和有效性，以激发员工的工作积极性。另一方面，企业需要将员工的个人目标与企业的整体目标相结合，通过绩效考核体系的引导和激励，实现企业和员工的双赢。在建立绩效考核体系的过程中，企业需要考虑不同岗位的特点和要求，制定合理的考核标准和指标。同时，企业需要建立完善的反馈机制，及时了解员工对绩效考核体系的看法和建议，不断优化和改进考核体系。只有这样，才能真正发挥绩效考核体系在人力资源管理中的作用，推动企业实现可持续发展。

(二) 注重员工职业规划与发展

在知识经济时代，企业需要关注员工的职业规划和发展需求，为员工提供多元化的职业发展路径和晋升机会。通过帮助员工实现个人目标和价值，企业可以提升员工的满意度和忠诚度，降低员工流失率，同时也可以提高市场竞争力。重视员工职业规划与发展是一种投资行为，企业通过投资员工的职业发展和个人成长，可以获得更高的回报，这种投资不同于传统的物质资本投资，而是一种以人为本的投资，强调人的潜能开发和知识积累。通过重视员工职业规划与发展，企业可以提升员工的生产效率、创新能力和工作积极性，进而提高企业的经济效益和市场竞争力。在制订员工职业规划与发展策略时，企业需要考虑不同岗位的特点和要求，为员工提供个性化的职业发展计划，通过建立完善的培训和开发机制、提供多元化的职业机会、鼓励以实现自我发展等方式来支持员工的职业规划与发展。同时，企业需要建立公平的晋升机制和激励机制，以激发员工的工作积极性和创造力。

(三) 综合运用物质激励和精神激励

在员工激励方面，企业需要综合运用物质激励和精神激励手段，以激发员工

工作的积极性和创造力。物质激励指企业通过提供薪酬、福利、奖金等物质手段来激励员工，这种激励方式可以满足员工的基本需求，提高员工的生活水平和工作满意度。然而，单纯地依赖物质激励可能导致员工产生短视行为，过分追求经济利益而忽视企业的长远发展。精神激励指企业通过表彰、认可、授权等方式来激励员工。这种激励方式可以满足员工的心理需求，提高员工的自我价值感和成就感。通过认可与鼓励员工的贡献和努力，激发员工的创造力和创新精神，推动企业的可持续发展。

（四）搭建知识共享和交流平台

在知识经济时代，企业人力资源的变革与发展策略需要更加强调构建知识共享和交流平台，这一问题不仅表现在技术和平台建设方面，还涉及战略调整。

首先，企业需要将知识共享视为一项核心价值，并将其融入企业文化中，鼓励员工积极参与知识共享。这意味着要建立一个开放、透明的组织文化，鼓励员工分享经验、见解和最佳实践。

其次，构建知识共享和交流平台需要强调跨部门和跨地域的合作。企业可以建立在线协作工具，使员工能够轻松共享信息、协作项目，并迅速解决问题，这种跨部门和跨地域的合作有助于促进创新和提高生产效率，从而适应知识经济时代的快速变化和竞争。此外，企业需要对员工的培训和发展进行投资，提高其知识和技能，从而更好地参与知识共享和交流。培训可以涵盖知识管理技巧、沟通技能和协作能力，使员工能够更好地与团队成员互动，有效传递知识。

最后，企业应将知识共享和交流作为战略目标的一部分，与长期发展战略相结合，将知识管理和知识共享纳入绩效考核体系中，确保员工积极参与，并以此评估其绩效。知识共享和交流的成功实施有助于建立学习型组织，促进员工的职业发展和技能提升，同时增强员工的忠诚度和满意度。

（五）强化企业文化建设

企业文化指企业内部的价值观、信仰、行为准则等，它对员工的行为和态度有着重要的影响，建立积极向上、鼓励创新和学习的企业文化，可以激发员工的创造力和创新能力，提高员工的工作积极性和满意度。加强文化建设，企业应在内部推广与实践价值观和信仰，建立良好的形象和声誉。可以通过举办文化活动、加强员工培训、建立沟通机制等方式来营造积极的文化氛围，同时，应关注员工的情感需求，加强对员工的关怀，提高员工的归属感和忠诚度。

总而言之，在知识经济时代，企业人力资源的变革与发展是企业适应新经济形势的重要环节，只有不断优化人力资源管理模式，才能提高企业的竞争力和可持续发展能力。未来，应更加关注知识经济视角的企业人力资源管理的创新与实践，不断完善相关理论和实践体系，推动企业实现长远、健康的发展。

第二节　共享经济与人力资源管理创新

共享经济的快速发展对企业的经营模式和管理方式带来了深刻影响，在这个新的经济时代，人力资源管理对于企业的成功至关重要，有效的人力资源管理可以帮助企业吸引和留住优秀的共享经济从业者，提高工作效率和创新能力。然而，共享经济时代的人力资源管理发生了显著变化。

一、共享经济概述

共享经济（Sharing Economy）最早由美国得克萨斯州立大学社会学教授马科斯·费尔逊（Marcus Felson）和伊利诺伊大学社会学教授琼·斯潘思（Joel. Spaeth）于1978年提出，在其文章中首次提到"共享经济"这个概念，主要探究人们如何通过共享资源和互助来解决社会问题。这个早期的共享经济概念主要集中在社会学和城市规划领域，而不是经济学领域。然而，共享经济作为一个独立的经济模式和概念，在经济学领域的发展和应用，是在后来的年代才逐渐出现的。随着新兴科技平台的发展和普及，如 Uber 和 Airbnb 等，共享经济得以迅速发展，这些平台通过创新的在线技术连接了供需双方，使得资源共享和互助交易变得更加便捷和高效。

共享经济的核心理念是通过利用闲置的物品或未被充分利用的服务者，以低成本或更高效的方式满足消费者的需求，通过在线平台或应用程序，共享经济连接了供需双方，使得个人能够共享自己的资源、技能或时间，并通过交易获得经济收益，这种模式不仅可以提供更优质的产品和服务，还可以促进资源的更有效利用和可持续发展。共享经济的典型例子包括共享汽车、共享住宿、共享办公空间等。此外，共享经济对于企业的人力资源管理工作也产生一定的影响，能够带来良好的发展机遇与挑战。对于人力资源管理而言，企业不可或缺的工作内容，是能够将每一位员工的最大价值发挥出来，进而为企业创造更多的价值，实现企业发展目标。在共享经济的支持下，通过合理利用共享经济的机制和平台，企业可以更高效地利用人力资源，降低成本，提高灵活性，并为员工提供更多的发展机会和自主创业的空间。

二、共享经济时代人力资源管理的创新变革

在共享经济的大背景下，企业人力资源管理正在经历一场深刻的变革，这场变革不仅改变了企业与员工之间的关系，也重新定义了工作的性质和模式。

（一）弹性化工作制度

弹性化工作制度是共享经济时代一种新的工作模式，强调灵活性、自主性和独立性，赋予员工更多的自主权和自由度，在这种工作模式下，员工不再被束缚于固定的工作时间，而是可以根据自己的需求和偏好来安排工作时间和地点，还能提高员工的工作效率和满意度。此外，随着共享经济的发展，许多企业开始采用在线工作和远程办公的形式，提升员工工作的灵活性和效率的同时，还能降低企业办公成本，但是这种工作形态会为人力资源管理带来新的挑战，企业需要找到一种新的方法对远程员工进行管理，确保其工作质量与效率。

（二）多元化人才招聘

由于共享经济的出现，企业需要的人才类型变得更加多样化，不仅包括全职员工，还包括自由职业者、兼职人员和独立承包商等不同类型的人才，这种多元化的人才需求使得企业人力资源管理部门需要调整传统的招聘策略，以适应不同类型人才的吸引和招募。在传统的招聘方式中，企业主要依靠简历和面试来选拔和招聘人才。然而，这种方式的局限性在于无法充分了解候选人的能力和实践经验。

在共享经济时代，企业开始采用更加多元化的人才招聘方式，除了传统的简历和面试外，企业还通过社交媒体、在线招聘网站、职业介绍所和校园招聘等多种渠道来获取人才。针对自由职业者、兼职人员和独立承包商等人才的招聘，传统的招聘渠道可能并不适用，企业可以利用网络平台，跨越地域限制，扩大企业的人才库，通过在线招聘网站或社交媒体平台发布招聘信息，与候选人进行实时交流和沟通。此外，企业还可以通过猎头公司等中介机构来寻找具有特定技能和经验的自由职业者或独立承包商。

（三）强调共享和协作

在共享经济中，资源的共享和协作被提到了前所未有的高度。这种模式下，

企业不再仅仅是员工的雇主，更是一个协作的平台。企业人力资源管理需要鼓励员工之间的协作和知识共享，打破传统的部门和层级之间的壁垒，让每个员工都能在团队中找到自己的价值，而且这种强调共享和协作的工作环境可以提高整个团队的效率与创新能力。在传统的企业中，部门之间的竞争往往会导致员工之间的隔阂和缺乏合作。但是，在共享经济下，企业需要员工之间的密切合作才能实现资源的优化配置和价值的最大化。因此，企业可以通过人力资源管理手段来打破部门之间的壁垒，促进员工之间的合作和交流，从而建立紧密的团队文化。

（四）财务结算公开化

在以往经济模式下，企业的结算工作主要由内部的财务部门负责管理，使得外部的利益相关方难以获得准确和全面的结算信息，而且这种封闭和不透明的结算体系容易造成信息不对称的问题。然而，在共享经济模式下，平台通常会提供透明的结算机制，明确价格信息，使参与者能够清楚地了解交易的费用和价格构成，供应者和需求者可以根据价格信息做出知情决策，而不必依赖于供应商或买家的个别谈判能力。在共享经济平台中也会记录交易的详细信息，包括交易时间、金额、参与者等，这些交易记录和结算明细可以提供给参与者，使他们能够清楚地了解交易的全过程，从而消除信息不对称问题，提高交易的公平性和信任度。

同时，传统的经济模式中，支付往往需要通过现金或银行转账等方式进行，不仅操作烦琐，还存在一定的风险。然而，在共享经济模式下，支付往往通过在线支付平台进行，不仅方便快捷，还更加安全可靠，为企业的人力资源管理带来了便利，能够更加高效地进行薪酬发放和费用报销等操作。另外，传统的经济模式下，企业往往难以准确评估和掌握资源的使用情况，会出现一定的资源浪费问题，甚至资源闲置，而共享经济模式下，透明的结算体系可以帮助企业更好地追踪和管理资源的使用情况，及时发现和解决资源浪费的问题，提高资源的利用效率，降低成本，提升企业的竞争力。

（五）灵活的薪酬体系

近年来，人们的思想观念发生巨大变化，越来越多的人开始意识到共享理念的价值，这种思想观念也在一定程度上影响着传统人力资源考核和薪酬体系的建设与发展。在共享经济时代，工作的形式和模式变得更加灵活，薪酬体系也随之变得更加灵活，传统的固定工资制度已经无法满足所有员工的需求，基于绩效的薪酬、项目奖励、股权激励等不同的薪酬形式开始被越来越多的企业所采用，这种灵活的薪酬体系可以更好地激励员工，让他们在工作中发挥更大的积极性和创造力。同时，灵活的薪酬体系也能更好地适应共享经济下多样化的工作模式。例如对于那些从事项目制工作的员工，企业可以按照项目的完成情况和员工的贡献来支付薪酬；对于那些从事自主性较强工作的员工，企业可以采取股权激励等长期激励措施来激励员工。

此外，灵活的薪酬体系还能更好地满足员工的个性化需求。不同的员工有不同的职业发展规划和需求，例如有的员工希望获得更多的学习和发展机会，有的员工希望获得更加灵活的工作时间和地点等，企业可以通过灵活的薪酬体系来满足员工的个性化需求，提高员工的满意度和忠诚度。

三、共享经济时代人力资源管理的有效性策略

（一）革新人力资源管理理念

在共享经济时代，企业面临着前所未有的挑战和机遇，传统的人力资源管理理念已经无法满足新经济模式的需求，因此，企业需要创新人力资源管理理念，变"人才所有权"为"人才使用权"，以更好地适应市场的变化和员工的多元化需求，提高管理有效性。

第一，树立以员工为中心的人力资源管理理念。在共享经济时代，员工是企业的核心资源，员工的积极性和创造性是企业发展的关键，将员工视为企业最重要的资源，真正实现"以员工为中心"的管理理念，意味着企业要充分了解和尊重员工的个性化需求、技能、经验和兴趣，为员工提供更加灵活、个性化的工作环境和职业发展机会，从而更好地发挥员工的潜力，提高其积极性和创造力，进而提升企业的竞争力。

第二，建立员工参与决策的共享经济平台。员工是企业的重要利益相关者，其意见和建议应该得到充分的重视，通过建立内部人力资源共享平台，企业可以将分散在各部门的人力资源集中起来，促进信息流通和知识共享，不仅可以提高人力资源的利用效率，还可以加强企业内部的沟通与协作，实现资源的优化配置。

第三，建立敏捷的人力资源管理机制。员工是企业发展的重要驱动力，其创造性和潜能是企业创新的源泉，在共享经济背景下，企业可结合市场变化趋势，

构建敏捷性的人力资源管理机制，及时调整人力资源管理策略，包括员工的工作内容、工作职责等，还能为员工提供更多的职业发展机会和提升空间，鼓励员工积极探索和创新，充分发挥其创造性和潜能。

（二）建立多元化人才队伍

在共享经济时代，企业需要建设多元化人才队伍，适应当前时代发展的人力资源管理模式，改变以往职业发展路径不清晰、缺乏长远规划的问题，减少人才流失。

1. 利用先进技术，搭建企业信息共享平台

通过该平台，企业可以获取各种人力资源信息，包括人才库、招聘渠道、市场趋势等，从而更加准确地制定招聘标准和目标，实现精准定位，提升招聘效果。同时，信息共享平台还可以在企业内部发挥重要作用。在传统的企业中，员工与管理者之间的沟通往往不够畅通，导致员工对于企业的归属感和忠诚度降低，而通过信息共享平台，员工更加方便地了解企业的最新动态和政策，同时也可以向上级汇报自己的工作情况和问题，这种透明化的管理方式可以加强企业与员工之间的联系，并维持弹性雇佣关系，适应共享经济时代的特点。

2. 优化招聘环节，采用多元化的招聘体系

企业应改变以往只看重学历的错误思维，采用"按岗按需招聘"的思维，采用更加客观、合理的评估方式来考查应聘者的专业素养和个人能力是否满足岗位需求，并建立完善的人才梯队，包括管理人才、技术人才、市场人才等，通过建立不同领域的人才梯队，企业可以更好地应对市场的变化和员工的需求，提高企业的竞争力和可持续发展能力。同时，合理应用人工智能技术，在共享平台中构建人才数据库，收集和分析大量的招聘数据，快速找到符合岗位需求的候选人，并进行更加准确的评估和选择，提高招聘的效率和效果。

3. 采取差异化权重，实施人才队伍综合性管理

在招聘过程中，企业需要考虑岗位实际状况的差异，适当调整招聘制度。例如对于一些需要具备特殊技能的岗位来说，企业可以通过增加技能考查的权重来更加精准地评估应聘者。同时从多角度、多层面来分析应聘者的信息，综合应聘者的面试和笔试成绩，采取差异化权重的方式可以更加准确地评估应聘者的能力和潜力。此外，还可以利用人才数据库对应聘者成功入职后的离职率进行计算，分析离职原因，帮助企业更好地了解员工的需求与期望，继而采取相应的措施提

升员工工作满意度和忠诚度，留住人才。

（三）优化组织结构及流程

在共享经济时代，优化组织结构及流程是企业人力资源管理的重要任务之一。传统的组织结构和流程往往呈现出部门间的垂直分工和层级划分，导致信息和资源的孤立，以及决策的滞后和效率的低下。因此，企业需要通过优化组织结构和流程，打破这些壁垒，建立更加灵活、高效的组织架构。

首先，优化组织结构，重新设计企业的组织形式和管理层次。传统的组织结构通常是以部门为基础的，每个部门拥有独立的职责和权力。在共享经济时代，企业需要采用更加扁平化的组织结构，减少层级和决策链，加强信息和资源的流动性。例如可以设立跨部门的工作小组或项目组，让员工在不同部门之间进行协作和知识共享，提高整个团队的效率和创新能力。

其次，优化流程，重新设计和优化企业的各项流程，以提高人力资源管理的效率和透明度。企业人力资源管理流程包括招聘、培训、绩效评估、薪酬福利等方面，在共享经济时代，企业需要采用更加灵活和快捷的流程来应对市场的变化和员工的需求。例如采用在线招聘和视频面试等方式，加快招聘流程；建立在线培训平台，提供员工自主学习和发展的机会；采用实时反馈和持续评估的方式，提高绩效评估的准确性和及时性。

最后，优化组织结构和流程不仅可以提高企业的运营效率，还可以增强员工的参与感和忠诚度。共享经济时代，员工注重自主权和发展机会，优化组织结构和流程可以为员工提供更大的自主权，让他们参与决策和项目的制定，增强他们的工作动力和创造力。

然而，在优化组织结构和流程的过程中，需要企业具备一定的变革能力和管理能力，要求企业对组织架构和流程进行全面的分析，制订合理的变革方案，并有效执行，动态化监控变革过程。同时，企业领导者要具备创新思维和市场洞察力，能够及时捕捉市场的变化和员工的需求，做出相应的调整和改进。此外，优化组织结构和流程需要员工的积极参与和支持，企业需要与员工进行沟通和协商，让他们理解变革的目的和意义，并参与到变革的过程中，只有这样，企业才能在共享经济时代取得竞争优势，实现可持续发展。

（四）建立灵活的薪酬体系

在共享经济时代，企业面临着多样化的工作模式和员工需求，使得传统的固定薪酬制度无法满足员工的个性化需求。传统薪酬制度通常是一成不变的，以企业为中心，而非以员工的需求和贡献为导向，这种僵化的薪酬制度无法适应快速变化的市场环境，也无法满足员工的多元化需求。因此，在共享经济时代，企业需要建立灵活的薪酬体系，针对不同工作模式设计不同的薪酬体系。比如对于那些主要在家办公或使用其他非传统工作模式的员工，企业可以考虑将部分薪酬与工作成果而非工作时间挂钩，或者提供其他非传统的福利，如灵活的工作时间、远程工作的机会等。同时，员工的个人需求也是多样化的，他们不仅关注薪酬的多少，还关注其工作的意义、工作环境、职业发展机会等多方面因素，在这种情况下，企业可以在共享经济理念下设计出更加具有个性化的薪酬体系，根据员工的不同需求和贡献进行调整。例如对于那些重视职业发展机会的员工，企业可以提供晋升机会、培训课程和职业发展规划；对于那些重视工作生活平衡的员工，可以提供灵活的工作时间、远程工作的机会等。此外，企业还需要考虑如何将薪酬与员工的工作成果和绩效挂钩。在共享经济时代，个人的工作成果和绩效更加难以量化，因此需要建立一种公平、透明的薪酬制度，以反映员工对企业的贡献和价值。

（五）加强企业文化建设

在共享经济时代，企业文化建设的重要性不容忽视。企业文化是企业的灵魂和核心竞争力，对于企业的发展和长久生存至关重要。在这个快速变革的时代，企业需要建立一种开放、包容、创新的企业文化氛围，鼓励员工积极参与和创新，从而提高企业的竞争力。其中，开放的文化氛围可以促进员工之间的沟通和交流，更自由地表达自己的观点和意见，使得员工能够更好地分享和传递信息，还可以鼓励员工与不同背景和经验的人合作，激发出更多的创意和想法。同时，心理健康是员工工作效率和企业绩效的重要保障，良好的企业文化可以让员工感受到组织的关怀和尊重，从而增加他们对企业的认同感和归属感。当员工感受到企业对他们的重视和关心时，他们会更加珍惜自己的工作机会，更加努力地为企业做出贡献，还能有效地减少员工的流失率，并提高企业的凝聚力和竞争力。对此，企业文化建设还需要注重员工的心理健康和职业发展，通过提供心理健康教育和培训，帮助员工更好地应对工作压力和困难，并为员工提供职业发展规划和指导，帮助他们在工作中不断成长和进步，从而促使员工更好地发挥自己的潜力，增强对企业的忠诚度和归属感。

除此之外，创新是企业持续发展的重要动力，只有不断创新才能在激烈的市场竞争中立于不败之地，为员工提供一个自由和开放的创新环境，激发员工的创造力和想象力，而且员工可以自由地提出新的想法和解决方案，提高企业的竞争力，从而推动企业的创新发展。

然而，在共享经济的影响下，企业的人力资源管理面临部门边界淡化、结算体系透明化、劳动关系松散化的变化。因此，需要企业采取一系列措施来提高人力资源管理的有效性，包括创新人力资源管理理念、建立多元化人才队伍、优化组织结构和流程、建立灵活薪酬体系、加强企业文化建设等，这样企业才能在共享经济时代获得竞争优势，并实现可持续发展。

第三节　数字经济与人力资源管理创新

数字经济时代的到来，对企业的人力资源管理提出了全新挑战和机遇。在这个信息爆炸的时代，企业需要处理大量数据和信息，如何高效地管理和利用这些资源成为企业人力资源管理的重要课题。因此，企业需要不断创新人力资源管理的方法和理念，以适应数字经济时代的发展需求。数字经济时代的企业人力资源管理创新研究，旨在运用先进的信息技术和数据分析方法，提高企业人力资源管理的效率和质量。

一、数字经济的概念演进

数字经济的概念早在 20 世纪 90 年代就出现。而与之类似的信息经济的概念则更早，萌发于 20 世纪 50 年代，并于 20 世纪 70 年代趋于成熟。与数字经济关联性较强的概念还包括网络经济、知识经济、智能经济、平台经济、共享经济等。这些概念与数字经济都有密切的关系，只是在不同时代、从不同视角提出来的。在概念传承和创新实践中，数字经济的内涵与外延在不断丰富拓展，逐步从技术视角、载体视角、业态视角和要素视角等角度，解开了数字经济的全貌。

从技术视角来看，1940 年人类第一台计算机的发明使人们认识到信息技术能为经济发展提供新的动力，"信息经济"概念应运而生。信息经济学主要研究信息这一特殊商品的价值生产、流通和利用以及经济效益，到 20 世纪 70 年代信息经济学基本发展成熟，代表性人物包括国外的马克鲁普及国内的乌家培等。1996 年，唐·塔普斯科特在《数字经济：智力互联时代的希望与风险》一书中提出了"数字经济"的概念，他被认为是最早提出"数字经济"概念的学者之一①。20世纪90年代，在"信息经济学"的基础之上，随着曼纽尔·卡斯特的《信息时代：经济、社会与文化》、尼葛洛庞帝的《数字化生存》等著作的出版和畅销，"数字经济"的理念在全世界流行开来。

从载体视角来看，20世纪80年代，日本学者鉴于第三产业中的商业、运输业、金融业等均因有相应的网络而发展起来，就把服务经济称为网络经济，这一阶段还主要研究传统的业务网络的经济效应问题。20世纪90年代，互联网的兴起让美国学者最先认识到了互联网的经济价值，提出以新兴的互联网为载体，进行成本核算、收费标准、投资收益等经济活动的新型经济形态，为"网络经济"赋予了新的时代内涵，之后人们在谈论网络经济时，大多数情况下是指依托于新兴互联网的网络经济。"虚拟经济"的概念由马克思提出的虚拟资本（fictitious capital）衍生而来，之后逐渐被专指为互联网在实体经济之外形成的虚拟经济形态，与之相对应的概念还包括线上经济等。21世纪初，国内外一些学者研究提出了"平台经济"概念，指依托虚拟或真实的交易场所，促成双方或多方供求之间的交易行为，收取恰当的费用或赚取差价而获得收益的一种商业模式。由于数字技术平台的优势，近年来平台经济日益专门指向数字经济领域的数字化平台。

从业态视角来看，"共享经济"术语最早在1978年由美国得克萨斯州立大学社会学教授马科斯·费尔逊和伊利诺伊大学社会学教授琼·斯潘思发表的论文《社区结构与协同消费：一种日常活动的方法》中被提出。"新经济"一词最早出现在美国《商业周刊》1996年12月30日发表的一组文章中。新经济是指在经济全球化背景下，信息技术（IT）革命及由信息技术革命带动的、以高新科技产业为龙头的经济。

从要素视角来看，"知识经济"的理论形成于20世纪80年代初期。1983年，美国加州大学教授保罗·罗默提出了"新经济增长理论"，认为知识是一个重要的生产要素，它可以提高投资的收益。20世纪90年代末，《社会科学探索》中有这样一篇文章《21世纪经济学创言——智能经济》提出，21世纪生产的技术结构方式将是智能密集型，人类努力把部分思维活动通过技术系统来实现，而

---

① 唐·塔普斯科特（Don Tapscott）是一位加拿大商业主管、作家、顾问和演讲者，专门研究商业战略、组织转型及技术在商业和社会中的作用。他是Tapscot集团的CEO，也是区块链研究院的联合创始人兼执行主席。一些文献中将Don Tapscott说成是美国经济学家是不准确的。

与之相对应的经济时代应当定名为"智能经济"。2019 年，百度创始人李彦宏在 2019 年第六届世界互联网大会上提出，人类社会已经进入了以人工智能为核心驱动力的智能经济新阶段，智能经济将给全球经济带来新的活力。1998 年，美国商务部发布了《新兴的数字经济》报告，之后连续多年发布数字经济报告。2016 年，《二十国集团数字经济发展与合作倡议》将数字经济界定为"以使用数字化的知识和信息作为关键生产要素、以现代信息网络作为重要载体、以信息通信技术的有效使用作为效率提升和经济结构优化的重要推动力的一系列经济活动"。

从新概念的提出到理论的成熟是一个不断探索、不断实践的过程。今天，我们从技术、载体、业态、要素等多元综合视角，逐步认清了数字经济的全貌，数字经济成为信息经济、网络经济、共享经济、虚拟经济、知识经济等相关概念的集大成者，其内涵与外延也更加丰富。随着经济社会数字化创新实践向纵深发展，其概念和内涵无疑还会发生巨大的变化。当前，几乎所有的产业都已经在不同程度地利用数字化手段开展生产经营管理活动，数字化正在实现对各行业各领域的全覆盖，从这个角度看，也可以将数字经济理解为经济的数字化，按照广义概念理解，将不存在数字经济与非数字经济之分。

二、数字经济时代人力资源管理的特征及创新作用

（一）数字经济时代人力资源管理的主要特征

数字经济时代的人力资源管理具有一些独特特征。

第一，数字技术的广泛应用，使得人力资源管理更加智能化和高效化。通过数据分析和人工智能技术，企业可以更准确地预测人才需求、优化招聘流程，并提高员工工作效率。

第二，数字经济时代的人力资源管理注重个性化和订制化。企业通过数字化平台和工具，可以更好地满足员工的个性化需求，提供个性化的培训和发展计划，并为员工提供更加灵活的工作安排。

第三，数字经济时代的人力资源管理更加注重数据驱动决策。通过收集和分析大量的员工数据，企业可以更好地了解员工的能力和需求，从而制定更科学的人力资源策略和决策。

第四，数字经济时代的人力资源管理强调创新和变革。企业需要不断跟进和

应对数字技术的发展，创新人力资源管理模式和方法，以适应数字经济时代的变化与挑战。

（二）数字经济时代人力资源管理创新的作用

1. 有助于提高企业的效率与生产力

首先，数字经济时代的企业人力资源管理创新可以提高企业的效率和生产力。通过引入先进的数字技术和自动化系统，企业可以实现人力资源管理的数字化和智能化。例如使用人工智能和大数据分析技术，企业可以更准确地预测人力资源需求，优化招聘流程，提高人才匹配度。

其次，数字化的人力资源管理可以简化绩效评估和薪酬管理流程，提高绩效管理的公正性和透明度。通过这些创新，企业可以更好地利用和管理人力资源，提高企业的效率和生产力，进而提高竞争力，实现可持续发展。

2. 有助于提高员工的参与度和满意度

第一，数字经济时代的企业人力资源管理创新可以提高员工的参与度和满意度。通过引入在线协作工具和社交媒体平台，企业可以促进员工之间的交流与合作，激发创新和团队精神。数字化的培训和发展平台可以为员工提供更灵活和个性化的学习机会，提升其职业发展和技能。

第二，数字化的人力资源管理可以提供更多的员工自主权。通过在线学习和培训平台，员工可以随时随地获取所需知识和技能，提升自身能力和竞争力。

第三，数字化的人力资源管理可以改善员工的工作体验。通过智能化的办公设备和工具，员工可以更加高效地完成工作任务，减少烦琐的人力资源管理工作。这些创新措施可以增强员工的归属感和忠诚度，提高其满意度和工作动力。

3. 有助于促进组织的变革和创新能力

（1）数字经济时代的企业人力资源管理创新可以促进组织的变革和创新能力。通过数字化技术和数据分析，企业可以更好地了解员工需求和行为，从而优化人力资源管理策略，提高其工作绩效。

（2）数字化的人力资源管理可以帮助企业实现人才的精准匹配和培养，提高组织的人才储备和创新能力。通过引入开放式创新平台和员工参与机制，企业可以激发员工的创新潜力和创业精神，推动组织的创新与变革。

（3）数字经济时代的企业人力资源管理创新还能够促进员工的学习和发展，打造学习型组织，提高其专业能力和创新意识，为企业的持续创新和发展提供有力支持。

（4）数字化的人力资源管理可以帮助企业建立灵活的组织结构和流程，加快决策和执行速度，提高组织的敏捷性和适应性。

三、数字经济时代人力资源管理存在的问题及解决策略

（一）数字经济时代人力资源管理存在的问题

1. 人力资源管理理念相对滞后

企业人力资源管理理念相对滞后于时代发展，未能及时跟上新的管理理念和趋势，不仅影响了企业发展，还限制了企业在竞争中的优势。企业人力资源管理理念的滞后导致企业在人才招聘、培训和激励等方面缺乏创新和灵活性，无法有效应对快速变化的市场环境。然而，随着信息技术的快速发展和全球化竞争的加剧，企业逐渐认识到人力资源管理的重要性。为了适应新的时代要求，一些先进的企业开始引入新的人力资源管理理念，积极探索适应市场变化的方法。

2. 人力资源管理体系有待完善

员工绩效评估方法单一，只依赖定期的定量考核无法全面准确地评估员工的工作表现。这种单一的评估方式容易忽略员工的潜力和创新能力，限制了其个人发展空间。职位设置和工作流程不够清晰，导致工作分工不明确。在此情况下，员工往往难以明确自己的工作职责和目标，工作效率和团队协作也会受到影响。缺乏明确的职位设置和工作流程，还容易导致工作任务的重叠与冲突，进一步降低工作效率和团队的整体绩效。企业人力资源管理体系还存在对员工发展的关注不足。很多企业在员工的培训和发展方面投入不足，未提供足够的机会和资源来提高员工的专业能力和职业素养，导致员工的发展空间受到限制，也会影响到企业的长期发展和竞争力的提升。

3. 人力资源配置不够合理

企业人力资源配置不够合理给企业带来了许多问题。一方面，过多的人员分布在某些部门或岗位上，导致资源的浪费和不必要的人力成本，这些多余的人员可能无法充分发挥自己的能力，降低了整体团队的效率和生产力。为了解决这一问题，企业可对人员进行合理的调配和培训，以确保其能够发挥最大的潜力。另一方面，人力资源过少会带来一系列问题。企业可能面临员工负荷过度的情况，

导致员工工作质量下降和工作压力增加。为了解决这一问题，企业可以考虑招聘更多的员工或外包一些工作，以减轻现有员工的负担，并提高整体工作效率。过少的人力资源也可能无法满足企业的业务需求，导致无法及时响应市场变化和客户需求。在这种情况下，企业可能失去竞争优势，并错失发展机会。

4. 人力资源管理缺乏完善的奖励机制

企业人力资源管理缺乏完善的奖励机制，导致员工对工作不满意，进而影响工作质量和效率。在现代竞争激烈的商业环境中，企业要想保持竞争力和持续发展，就必须重视并解决这个问题。正是因为缺乏奖励机制，许多员工感到缺乏动力和归属感，对工作产生了消极情绪，可能感到自己的付出得不到公正的回报，或觉得自己的努力没有被充分认可。在这种情况下，员工的积极性和创造性就会受到抑制，工作动力也会逐渐减弱，而企业的发展往往依赖员工的积极投入和创新能力。缺乏奖励机制会导致员工流失率提高，企业不仅需要花费大量时间和资源招聘新员工，还要为新员工进行培训和适应期的投入，这无疑会给企业带来不小的负担。员工的不满意情绪还可能传染给其他员工，形成负面组织氛围，对企业的整体形象和声誉造成损害。

（二）数字经济时代企业人力资源管理创新的策略

1. 建设专业化的人力资源管理队伍，增强数字化意识

建设专业化的人力资源管理队伍是数字经济时代企业人力资源管理的一项重要创新策略。随着数字技术的快速发展和应用，企业人力资源管理面临着新的机遇和挑战。为了适应数字经济时代的需求，企业需要拥有一支具备专业知识和技能的人力资源管理队伍。首先，企业需要加强人力资源管理人员的专业培训和能力提升，了解数字经济时代的特点和趋势，掌握相关技术和工具，更好地应对数字化转型带来的人力资源管理问题；其次，需要加强对人工智能、大数据分析和云计算等技术的理解与运用，以提高人力资源管理的效率和质量；最后，企业需要提高员工的数字化意识。数字经济时代，员工需要具备一定的数字技能和能力，才能更好地适应工作变化和发展。因此，企业应加强对员工的数字化培训和教育，提高其数字技能和意识，包括培养员工的信息搜索和筛选能力、提高数据分析和解读的能力及加强数字沟通和协作的能力等。

2. 健全企业人力资源管理体系，优化人力资源管理流程

第一，企业应构建一个完善的人力资源管理体系，以适应数字化转型的需

求。这个体系应包括招聘、培训、绩效评估和员工福利等方面的策略和流程，并要与数字技术相结合，提高效率和准确性。

第二，企业应优化人力资源管理流程，以提高工作效率和员工满意度。通过引入数字化工具和系统，如人力资源信息系统和智能化招聘平台，企业可以实现自动化和智能化的人力资源管理，将减少人工操作和纸质文件的使用，并提高数据的准确性和可靠性。

第三，企业可以借助大数据和人工智能技术进行人力资源管理的创新。通过分析员工的数据和行为模式，企业可以更好地了解员工需求和潜力，并提供个性化的培训和发展机会。同时，人工智能技术可以帮助企业自动化地完成一些重复性的人力资源管理任务，释放人力资源团队的时间和精力，使其更专注于战略性的人力资源管理工作。

第四，企业应关注员工参与和沟通的创新。通过建立开放的沟通渠道和鼓励员工参与决策机制，企业可以增强员工的归属感和工作动力，还可以采用在线协作工具和虚拟团队来促进员工之间的交流与合作，提高团队的协作效率与创造力。

3. 引入远程办公等方式，实现人力资源的弹性配置

数字经济时代企业人力资源管理的创新策略是通过引入远程办公等方式，实现人力资源的弹性配置。这种创新策略可以帮助企业在数字经济时代更好地适应市场环境的变化和快速调整人力资源配置需求。引入远程办公可以帮助企业实现人力资源的弹性配置，远程办公还可以打破时间和空间的限制，让员工可以在不同的地点和时间进行工作，提高工作效率和灵活性。企业可根据业务需求，灵活安排员工的工作地点和工作时间，从而满足不同业务的需求，可以避免因为地理位置限制而无法招聘到合适的人才，也可以减少因员工离职或调动而导致的人力资源配置调整的时间和成本。企业可以建立多元化的用人模式来满足业务快速扩张和调整的需求。合作伙伴关系、外包和人才共享等方式可以帮助企业灵活调整人力资源配置。与合作伙伴建立长期合作关系，可以通过共享资源和技术实现共赢；外包可将一部分业务交给专业的外包公司处理，降低企业的运营成本和风险；人才共享可通过与其他企业合作，共享人才资源，提高人力资源的利用效率。通过灵活性和适应性的人力资源管理策略，企业可以更好地应对市场变化、提高竞争力。数字经济时代，市场环境变化迅速，企业需要具备快速调整人力资源配置的能力。通过引入远程办公等方式，实现人力资源的弹性配置，企业可以

更好地适应市场环境的变化，提高工作效率和灵活性。同时，建立多元化的用人模式，可以满足业务快速扩张和调整的需求，提高企业的业务灵活性和竞争力。

4. 健全企业人力资源管理薪酬制度，提升激励机制效果

优化企业人力资源管理的薪酬制度是数字经济时代企业创新的重要策略。在当今时代，企业需要面对激烈的竞争，吸引和留住优秀的人才变得尤为重要。因此，企业应根据员工的工作表现和贡献来设计薪酬制度，以提高激励机制的效果。

第一，企业可以引入绩效考核体系，将员工的工作表现与薪酬直接挂钩。通过设定明确的绩效目标和评估标准，员工的工作表现可以被量化和评估，使薪酬的分配更加公正和透明。

第二，企业可以采用灵活的薪酬结构，根据员工的贡献和市场需求进行个性化的薪酬设计。这意味着员工可以根据自己的工作表现和能力水平来选择不同的薪酬方案，从而激发其工作动力和创造力。

第三，企业可以引入股权激励计划，将员工与企业的利益紧密联系在一起。向员工提供股权激励，他们将更加积极地参与企业的发展与运营，并分享企业的成果和回报。企业可通过技术手段来提高薪酬制度的管理效率和透明度。例如利用人力资源管理系统和智能化的薪酬管理工具，可以更方便地进行薪酬数据的收集、分析和管理，减少人为错误和不公平现象的发生。

5. 完善人力资源绩效考核机制，合理运用绩效考核结果

完善企业人力资源绩效考核机制，恰当地利用绩效考核成果是数字经济时代企业人力资源管理的一项创新策略。数字化时代，企业需要更加精确地评估员工绩效，以便更好地激励和奖励高绩效员工，并为低绩效员工提供改进机会。企业可以利用先进的信息技术工具，例如人力资源管理系统和数据分析软件来收集和分析员工的工作数据，这些工具可以帮助企业实时监测员工的绩效表现，包括工作完成情况、工作质量和工作效率等。通过这些数据，企业可以更加客观地评估员工绩效，避免主观因素的干扰。企业可引入多元化的绩效评估指标，不仅仅局限于传统的工作完成情况和工作质量。数字经济时代，员工的绩效也应包括对数字化技术的应用能力、创新思维和团队合作等方面的评估，综合考虑这些指标，企业可以更加全面地评估员工绩效，促进员工的全面发展。企业还可以通过绩效考核结果来制定个性化的激励和奖励机制。数字经济时代，员工对于个性化激励更加重视，传统一刀切的奖励方式已不再适用，根据员工的绩效考核结果个性化

地设计激励和奖励方案，企业可以更好地激发员工的积极性和创造力。企业应将绩效考核结果与员工发展规划相结合，为低绩效员工提供改进机会。数字经济时代变化迅猛，员工需要不断学习和提高自身能力。通过绩效考核结果，企业可以识别低绩效员工的问题所在，并为其提供相应的培训和发展机会，帮助其改善绩效，实现个人和企业的共同发展。

6. 运用大数据分析，制定科学的人力资源管理策略

数字经济时代，企业人力资源管理的创新策略包括采用智能化技术优化招聘和选拔过程。借助人工智能技术，企业可以自动筛选简历、进行面试评估和背景调查，提高招聘效率和准确性。此外，应用大数据分析，企业可以更好地了解员工的技能和能力，从而更好地匹配岗位和任务，提高员工的工作匹配度和生产力。数字经济时代的企业人力资源管理需要加强对员工福利和激励的个性化管理。通过大数据分析，企业可以了解员工的偏好与需求，为员工提供更加个性化的福利和激励方案，提高其工作满意度和忠诚度。

同时，企业还可以利用人工智能技术来实现智能化的绩效管理，通过自动化的数据分析和评估，更准确地评估员工绩效，提供有针对性的激励和奖励，激发员工的工作动力和创造力。数字经济时代，企业人力资源管理需要更加注重员工体验和参与度，提高其工作满意度和忠诚度。企业可通过建立开放的沟通渠道，定期收集员工的反馈意见，并及时采取措施解决问题。通过关注员工体验和参与度的人力资源管理，企业可以留住优秀人才，提高企业的绩效和创新能力。

第四节　循环经济与人力资源管理创新

一、循环经济含义的深刻理解

循环经济是一种经济发展模式，其核心在于实现资源的高效利用和循环利用，以"减量化、再利用、资源化"为基本原则。其通过降低消耗、减少废弃物产生、推动资源的持续循环，以低排放、低消耗、高效率为基本特征，旨在满足人们不断增长的物质文化需求，同时减少环境代价，与可持续发展理念相契合。在循环经济中，资源被视为宝贵而有限的资产，追求资源的最大化价值。通过减少资源的浪费和消耗，实现经济的绿色化与环保化，从而减轻对生态环境的

负面影响。循环经济强调从生产到消费再到废弃的全过程，持续地将废弃物转化为资源，促进循环链条的构建和完善。循环经济的重点在于创新，包括绿色设计、再制造、共享经济等多方面的举措，以促进可持续发展。推动循环经济发展需要政府、产业、企业和公众的共同努力，通过合作、技术创新和政策支持，实现经济增长与环境保护的有机结合。

循环经济在全球范围内得到了越来越多的重视和推广。许多国家和地区已经制定了相关政策和法规，以鼓励企业采用循环经济模式，并促进资源的可持续利用。循环经济不仅可以减少环境负担，还可以创造新的商机和就业机会，推动经济的可持续增长。然而，要实现循环经济并非易事。因此，需要各方共同努力，加强合作，共同推动循环经济的发展。为此，国家可以通过实施激励政策和税收政策来引导企业采用循环经济模式；企业可以通过技术创新和管理创新来降低资源消耗和废弃物产生；公众则可以提高环保意识，积极参与到资源回收和再利用中。

二、循环经济理念下人力资源管理的机遇及挑战

在循环经济理念的背景下，人力资源管理面临着许多机遇和挑战。这些机遇和挑战源于循环经济对企业和员工产生的全面影响，包括推动企业转型、塑造员工价值观，以及促进可持续发展等方面。

在机遇方面，实施循环经济将增加环保和可持续发展领域的人才需求，为企业提供了吸引和招揽环保人才的机会。同时，循环经济的推动将为员工提供更多的职业发展机会，他们可以通过学习新技能和参与环保项目来拓展职业发展道路。此外，员工参与企业环保实践的机会也将增强其对企业的归属感和认同感，从而提高员工的忠诚度和投入度。而积极实践循环经济还将树立企业的良好社会形象，有助于吸引更多消费者、投资者和优秀人才的关注，提升品牌竞争力。

然而，循环经济的实施也面临着一系列挑战。循环经济需要员工深入理解和支持环保理念，这对企业进行环保教育和文化建设提出了挑战。此外，循环经济的实施可能需要员工具备新的技能和知识，因此，企业需要投入大量资源进行培训，以确保员工适应新的工作要求。同时，传统的人力资源管理模式可能无法完全适应循环经济的需求，企业需要进行管理模式和流程的更新，以适应新的发展形势。随着循环经济模式的普及，环保领域的人才竞争将日益激烈，企业需要采取有效措施来吸引和留住优秀的环保人才。

充分利用机遇并采取有效的解决措施，企业可以在人力资源管理中实现创新和优化，从而更好地应对挑战。这将有助于企业向着可持续发展的目标迈进，并在循环经济模式下蓬勃发展。

三、循环经济下人力资源管理的创新对策

（一）将循环经济理念融入企业文化

在当今社会，环保和可持续发展已成为全球瞩目的焦点。循环经济作为一种新的经济模式，强调资源的高效利用和循环再生，对于企业来说是一个重要的转型机遇。将循环经济理念融入企业文化是优化和创新人力资源管理的重要策略。

企业作为社会的一员，其经营活动对环境造成的影响不容忽视。通过在企业文化中强调循环经济的重要性，使员工认识到自己的每个行为都与环境息息相关，从而在日常工作中主动采取节约资源、减少浪费的行动。例如鼓励员工在办公中实行纸张双面打印、减少用水用电，或者倡导员工使用可循环利用的材料和产品，都能在细微处体现企业文化的转变。人力资源管理部门应与企业的宣传部门合作，将循环经济理念融入企业宣传活动和内部沟通渠道中。可以通过企业网站、内部刊物、员工会议等途径，向内外传播循环经济的理念和企业在循环经济方面的实践成果。这样不仅可以提升企业的形象和品牌价值，也能够进一步强化员工对循环经济的认同和参与。

此外，人力资源管理部门应该积极寻找与循环经济相关的合作伙伴，建立合作关系，共同推动循环经济的发展和实践。通过与循环经济领域的专业机构、环保组织等合作，可以获取更多的循环经济资源和信息，为企业的循环经济实践提供更好的支持。在循环经济的理念下，企业需要不断寻找新的资源利用方式和生产模式，以实现资源的高效回收和再利用。这也要求企业鼓励员工在工作中提出新的创意和方法，以降低资源消耗，提高资源利用率。创新是企业持续发展的重要驱动力，通过将循环经济理念融入企业文化，员工会对创新有更深入的理解和认同，从而更加积极地参与创新活动。

（二）优化人才选拔机制，形成人才集聚效应

在循环经济的视角下，优化人才选拔机制是人力资源管理工作中至关重要的一环。循环经济要求企业从资源利用和循环利用的角度思考和行动，需要有能力和愿意参与循环经济发展的高素质人才。通过优化人才选拔机制，企业可以更好

地吸引和留住适应循环经济需要的人才，形成人才集聚效应。

优化人才选拔机制需要明确循环经济背景下所需的核心能力和素质。循环经济涉及资源管理、绿色技术、环境保护等多个方面，企业需要明确在循环经济发展过程中所需的关键技能和素质。这可能包括资源管理和回收利用专业知识、环境保护和可持续发展意识、绿色创新能力等。在制定招聘标准和选拔条件时，将这些核心能力和素质纳入考量范围，以确保招聘到的人才具备适应循环经济发展的优势。

同时，需要建立多元化的人才招聘渠道，以扩大人才来源。例如校园招聘、线上招聘平台、职业介绍所、校企合作等。特别要注重招聘专业背景符合循环经济要求的人才，同时鼓励跨领域人才的加入，因为跨学科的综合能力在循环经济中也是非常有价值的。此外，还需要在各种渠道中广泛宣传企业的循环经济发展愿景和文化，以吸引有志于环保和可持续发展的优秀人才加入，进而形成人才集聚效应。

创新人才选拔评价方法，综合考查候选人的潜力和适应性。在循环经济背景下，除了传统的学历、工作经验和技能等硬性指标外，还应结合情境题、案例分析、团队合作能力等评估方式，综合考查候选人的创新潜力、环境意识、解决问题的能力等软性指标。这样的评价方法能够更准确地识别具备适应循环经济要求的人才，提高人才选拔的成功率。

此外，建立完善的培训和发展体系也是至关重要的。循环经济是一个不断发展和演进的过程，要求员工不断学习新知识、掌握新技能。因此，企业应该建立健全的培训和发展体系，为员工提供持续学习的机会和平台，鼓励员工参与行业会议、学术研讨和技能培训等。

通过明确所需的核心能力和素质、建立多元化的人才招聘渠道、创新评估方法、建立完善的培训和发展体系，企业可以更好地吸引和留住适应循环经济需要的高素质人才，形成人才集聚效应。这将为企业的循环经济发展提供坚实的人才保障，推动企业朝着更加可持续的方向不断发展壮大。

（三）加强循环经济教育，提升员工环保意识

在循环经济的视角下，加强循环经济教育是人力资源管理工作中至关重要的一环。循环经济的目标是减少资源消耗和环境污染，实现资源的有效循环利用。员工是企业中最核心的资源，他们的环保意识和行为对于循环经济的实践具有至关重要的作用。通过加强循环经济教育，企业可以培养员工的环保意识，使其在

日常工作中积极参与循环经济的实践。

为了加强循环经济教育，企业需要采取一系列措施。

首先，制定明确的循环经济发展战略并将其纳入公司的发展规划和文化传承中。该战略应包括循环经济的概念、目标、实施方案等，通过内部培训、公司内部宣讲和企业文化建设等方式，让循环经济的理念深入人心。

其次，针对不同岗位的员工开展有针对性的培训，使每个员工都能了解循环经济对自身工作的意义和影响，并激发他们的环保意识和责任感。培训可以包括理论知识和实践操作两方面，例如组织员工参观循环经济典型案例、了解成功的实践经验等。

再次，倡导员工环保意识的形成要贯穿企业文化建设的始终。企业文化是企业行为的内在驱动力，也对员工的行为有着潜移默化的影响。通过在企业文化中强调环保、可持续发展和循环经济的重要性，让员工形成自觉遵循的价值观和行为准则。

最后，企业还可以通过内部媒体、员工沙龙等形式宣传环保意识和实践的重要性，增强员工对环保的认识和理解。

通过从企业层面到个人层面展开教育，注重实践和案例学习，建立激励机制，贯彻企业文化，企业可以培育员工的环保意识，使他们在循环经济实践中积极投入，为循环经济的发展贡献力量。员工环保意识的提高将推动企业向着更加环保、可持续的方向发展，实现经济效益、社会效益和环境效益的协同。

（四）完善公司福利机制，激励员工积极参与环保实践

循环经济旨在减少资源浪费，实现资源的有效回收与再利用。员工是企业实践循环经济的重要推动力，因此，通过完善公司福利机制，激励员工积极参与环保实践，企业可以增强员工对环保的责任感和参与度，促进循环经济理念在企业内部的深入落地。此外，还可以通过设立环保奖励来鼓励员工在日常工作和生活中积极参与环保行动。例如奖励员工参与回收废物、节约用水用电、推动绿色生产等行为。这些奖励可以是物质奖励，如奖金、礼品或特殊福利待遇，也可以是非物质奖励，如公开表彰、荣誉证书等。建立奖励机制会让员工认识到环保行为是受到公司认可和鼓励的，从而激发员工的积极性和创造性。企业还可以组织环保实践竞赛，鼓励员工团队合作，共同完成环保任务。这种竞赛既可以是内部的，也可以是与其他企业的合作竞赛，通过竞赛的形式促进员工之间的交流和学习，激发他们在环保实践中的热情。

此外，组织环保主题的员工活动也是一个有效的方法，例如环保日、义务植树活动等。通过让员工亲身参与和体验，可以增强他们对环保的认同感和参与度。强化环保实践在绩效考核中的权重，使环保成为员工绩效考核的重要指标之一。将环保实践纳入绩效考核体系，会使员工在日常工作中更加重视环保行为，而不仅仅是一项附加任务。通过与绩效挂钩，员工在环保实践中的表现会对其个人职业发展和奖励待遇产生直接影响，从而激发他们对环保实践的积极投入。

通过建立奖励机制、组织竞赛和活动、提供培训和职业发展机会及加强绩效考核，可以激励员工积极参与环保实践。员工的环保意识和参与度的提升将推动企业在循环经济视角下的发展，促进资源的高效利用和环境的可持续发展。

总之，在循环经济理念下，优化和创新人力资源管理策略显得尤为重要。通过将循环经济理念融入企业文化、优化人才选拔机制、加强循环经济教育及完善激励机制，企业能够更好地应对循环经济带来的机遇与挑战。这将促进员工的环保意识和责任感，增强员工的归属感，提升企业品牌形象，从而实现可持续发展与环境保护的双赢局面。

第四章 人才招募策略之招聘工作的开展

第一节 影响招聘的因素分析

在人类出现雇佣关系的同时，招聘活动就出现了。招聘的含义随着招聘活动的科学化和丰富化而不断得到充实和提炼。招聘是企业获得合格人才的渠道，是根据组织人力资源规划和工作分析的数量与质量要求，通过信息的发布和科学甄选，获得本企业所需合格人才，并安排他们到企业所需岗位工作的过程。

一、影响招聘的外部因素

招聘工作是在一定的外部环境中进行的，影响招聘战略的外部因素有很多。如国家的政策法规规范了招聘的人才结构，社会经济制度规定了人员招聘的方式，宏观经济形势决定了供需比例的关系，社会文化背景影响着人们的职业选择，技术进步对就业者的基本素质提出新的更高要求，劳动力市场的状况直接影响招聘战略的制定。这些因素对于组织来说虽然是不可控因素，但其影响作用却是不容忽视的。

（一）国家政策与法律法规环境

国家政策与法规从客观上界定了企业人力资源招聘的选择对象和限制条件，是约束企业招聘和录用行为的重要因素。

国家政策对企业人力资源招聘起到决定性的作用。改革开放之前，国家对城镇居民劳动力就业实行全面包干，"低工资，高就业"；改革开放后，实行"三结合"的就业方针，随后开始进行劳动合同制改革；随着国有企业深化改革，减员增效政策使企业冗余人员分流下岗。与此同时，行政事业单位也深化人事制度改革和机构改革，对人员进行分流，鼓励"双向选择，自由流动"。另外，还有计划生育国策、知识青年上山下乡返城的政策、扩大高等教育招生规模等政策都对招聘工作产生了巨大影响。

国家对产业、行业的扶持或限制政策也对产业、行业的就业、招聘产生至关重要的影响。如纺织行业的压锭，钢铁行业的限产政策，使得这些行业人员需求量减少；由于国家对电子通信行业的扶持、大力发展第三产业，人们也由此看好这些产业和行业，努力充实相关知识和技能，纷纷求职于相关企业。此外，政府对经济的宏观调控和干预在许多方面影响企业的招聘活动。例如政府支持资本市场形成的政策、政府的税收政策与货币政策等会影响到企业的资金周转，从而影响企业生产规模的扩张，必然会影响到企业的招聘需求。

（二）社会经济制度与经济状况

经济制度对招聘工作的影响主要表现在对劳动力供求的调节机制上。计划经济体制下，人事管理实行统包统配制度，企业用人计划、招收范围等都由国家统一计划管理，企业作为经济主体却处在被动的地位，缺乏选人用人的自主权，几乎不存在招聘工作。在市场经济体制下，企业的人力资源调配主要通过市场机制来调节，企业在人力资源调配中具有主动性。我们国家的经济体制从计划经济向市场经济转变的过程中，企业人力资源招聘也从无到有，由计划指导下的招聘向市场配置下的招聘转变。企业人力资源招聘逐步走向科学化、合理化、自主化。

经济状况对招聘活动的影响主要表现在以下三方面。

首先，当宏观经济形势处于高速增长的繁荣期时，市场的繁荣会带来对企业的产品（服务）需求的急剧增长，企业的发展机会必然增多，而企业的规模扩张往往需要招聘更多的员工，此时，失业率较低，劳动力市场的供给量相对较少。经济形势处于萧条期时则正好相反，企业需求量减少，而劳动力市场供给量却大增。一般来说，经济繁荣时失业率低，经济萧条时失业率高。由此可见，组织招聘往往会受到国家和地区宏观经济形势的影响。当经济发展缓慢时，各类组织对人员的需求减弱；而在经济快速发展阶段，对人力资源的需求也呈旺盛的态势。近几年，我国经济的持续增长，特别是高新技术产业的迅猛发展，对各类人才的需求有所增加，特别是对计算机、信息、通信、国际金融、经济管理等方面高级人才的需求更是急剧上升。而一些传统专业则由于产业结构的调整，人才的需求相对不足。

其次，通货膨胀率的高低会影响到企业的招聘成本。高通货膨胀对招聘的直接影响体现在招聘过程所涉及的各项开支上。由于通货膨胀的作用，企业人力资源招聘的直接成本呈增长态势，交通费用、招聘者的工资、面谈开支、发布招聘信息的宣传费用等都呈增长态势。同时员工工资上升，也影响招聘规模。另外，通货膨胀使人们对自己的人力资本投资呈增长态势，随即又限制人们的人力资本投资额度，影响人们的人力资本存量。通货膨胀对招聘的影响，尤其明显地表现在对企业高级管理层和技术人员的招聘上。

最后，经济政策也会影响到招聘工作。如果政府采取积极的促进经济增长的政策，为某地区的经济增长给予一系列的优惠，必然会创造更多的发展机遇，为了发展的需要就会增加对人才的需求，企业的招聘工作量将会增加。当然，当地人才的竞争也必然会加剧。如我国实施的西部大开发战略增加了西部地区对人才的需求，因此，当地政府及企业制定了一系列吸引优秀人才到西部创业的政策。这也是当地人才供求矛盾的一种反映。

由此可见，经济状况对招聘活动的影响是巨大的，因而很有必要对其进行综合分析，弄清哪些条件是相关的，相关的这些条件具体会产生哪些影响，企业应采取哪些应对措施。

（三）社会文化环境

社会文化背景及企业所在地的教育状况也会对企业的招聘活动产生影响。长期受社会文化的影响，人们会形成一定的择业观念，这些观念直接影响人们的职业选择甚至对教育的选择。例如受长期的"官本位"意识、"学而优则仕"等观念的影响，很多家长希望孩子以后成为"劳心"的白领，而不愿成为"劳力"的蓝领，这就导致技工学校生源的匮乏，反映到企业的招聘活动中则表现为高级技工的招聘难度很大，使得有些企业不得不打出年薪十几万的招牌吸引高级技工。受这种思潮影响，很多年轻人不愿当工人，导致技术工人奇缺的困难局面。同样是受"不愿伺候人""伺候人低人一等"等传统文化观念的影响，很多大城市的下岗职工宁肯从政府领取失业救济金也不愿意从事清洁、家政服务等工作，这就产生了矛盾：一方面大量下岗职工需要重新安置工作，另一方面大量空缺的服务性岗位却难以补充。

一个国家整体的教育水平，尤其是企业所在地的教育水平直接影响到当地劳动力的素质，必然会影响到企业招聘高素质人才的难易程度。

（四）技术因素

企业的生产技术水平、管理手段的现代化程度等，影响着企业对人力资源素质与结构的需求，技术进步必然会对招聘活动产生深刻的影响，主要表现在以下三方面。

首先，技术进步对就业者素质提出了更高的要求，要求具备更高的受教育水平和熟练的技术水平。现代技术的不断运用改变了传统的生产模式，工作岗位对人们脑力劳动付出的要求越来越高，工作技能的要求越来越高，工作沟通与协调的要求提高，因此，现代企业对既具备熟练的操作技能，又具备一定的管理技能的"灰领"复合型人才的需求量越来越大，对于传统的只具备体力劳动技能或是只具备某方面操作技能员工的需求量在大幅减少。

其次，技术进步对企业人力资源招聘数量的影响。随着新技术的应用，企业的劳动生产率提高，在生产经营规模不变的情况下，企业人力资源需求总量必然会减少，但是质量会提高。需要注意的是，在单个企业中或范围较小的经济体中，技术的进步有可能导致劳动力需求量的减少，但在范围较大的经济体中，技术进步则很有可能通过收入的增加，带来对商品和服务消费的增长，从而创造出为提供新增消费而产生的劳动力需求。随着社会的发展，人们文化素质的提高及生活水平的提高，整个社会对工作、生活质量的重视程度也有了很大的提高。在招聘方面的影响表现为一些新兴职业需求的增加，如家庭护理、聊天护士、家政服务等。总之，人类生活水平的总趋势是上升的，与之相伴，就业人口的总趋势是增加的。

最后，技术进步会对劳动力市场产生深刻的影响。随着技术的进步，在不同的地区、职业和行业，就业职位的破坏和创造非常不平衡，就业职位需求的分布发生了变化。如纺织工、电话接线员、生产和销售煤球人员人数骤减，而工程师、专业护士、电脑程序员人数猛增。总的来说，从职位分布和数量来看，技术进步对非熟练工人的负面影响更大，对受过高等教育的人相对有利。

由此可见，技术进步对企业与应聘者双方都将产生很大的影响，企业在进行招聘时应该考虑这些影响因素，预测这些因素的发展变化趋势，在此基础上制定合适的招聘策略。

（五）劳动力市场与产品（服务）市场

劳动力市场是进行招聘工作的主要场所和前提条件。这里讲的劳动力市场主要是指外部劳动力市场。

第一，从劳动力供给的总量角度来看，供不应求的劳动力市场会使招聘活动变得既困难又昂贵，因为不易招募到适当数量的求职者，要完成招聘任务，企业可能会放低招聘标准，提高应聘待遇。与此相反，供过于求的劳动力市场将使招聘活动变得比较容易，因为可以识别并吸引到足够数量的求职者，并且可以以较低的成本达到招聘的目标。

第二，从劳动力供给的质量角度来讲，劳动力需求方——企业会对求职者的素质提出具体要求，对求职者的需求的满足也有一个范围。而劳动力供给一方的素质结构、工作动力等因素在一定时期内是相对稳定的，具有一定的"刚性"。由此可见，劳动力市场供给总量只是使企业招聘任务的完成具有可能性，而劳动力市场劳动力供给的质量与结构则决定其招聘任务完成的必然性。因此，劳动力市场能否满足特定组织招聘的要求，取决于劳动力市场上的劳动力资源的数量、质量与结构。

第三，劳动力市场中劳动力需求竞争程度会影响到招聘活动的效果。即使在劳动力供给很充分的时期，也可能出现这样的情况：某类职位劳动力供给量不足，而需求量很大，为了完成招聘任务，需求方必然会展开人才争夺战，从而会提高招聘成本。因此，企业在招聘时不仅应对劳动力市场进行总量分析，更重要的是对其进行深入细致的结构分析，并据此制定有针对性的招聘策略与计划。

长期以来，由于受传统人事制度及僵化的用人体制的束缚，国内用人单位在人才竞争方面一直处于劣势。现在，国内企业开始与世界知名大公司同台竞争，充分显示了企业的实力。所以组织在制订招聘计划时要尽可能多地了解竞争对手的实力，以及他们的人力资源政策，这样才能在人才竞争中扬长避短。

在劳动力市场上，不同类型人员的供求状况存在很大差异。一般来说，招聘岗位所需的技能要求越低，劳动力市场的供给就越充足，招聘工作相对容易；反之，招聘岗位所需条件越高，劳动力市场的供给就越不足，要吸引并招聘到这类人才就越困难。近几年IT业在全球迅猛发展，出现了全球性IT人才的短缺。面对这种状况，不仅IT企业在吸引人才方面使出浑身解数，许多国家也打破常规，修改移民法，出台一系列的优惠政策吸引人才，对IT人才的争夺已经从跨地区发展到跨国界。

招聘单位所在的地区对人员招聘工作有着很大的影响，特别是由于我国经济发展很不平衡，在很大程度上造成我国各地区人才分布的极不平衡。一方面，经济发达地区各类人才蜂拥而至；另一方面，经济欠发达地区各类人才纷纷外流，很大程度上又制约了这些地区经济的发展。经济发达地区各类人才相对充足，为人员招聘与选拔提供了更多的机会。而经济欠发达地区环境艰苦，人才匮乏，增加了这些地区人员招聘的难度，由于有些条件限制，有时不得不降低人员的资格层次和要求，退而求其次，可选择的范围也相应缩小。现在国家和有些地区推出一系列政策，鼓励各类人才到经济相对落后的地区工作，那里的企业和单位在吸引人才方面也采取了很多优惠而灵活的政策。这些政策和措施为经济落后地区吸引人才提供了条件。

第四，劳动力市场的发育完善程度也是影响招聘工作的重要因素。在劳动力市场上最关键的是招聘方和应聘者之间进行的双向选择。选择是否成功取决于信息沟通的充分程度。如果劳动力市场发育成熟，供求双方信息充分，中介机构提供职业指导与就业咨询，专业机构提供各种心理测试、人事代理等服务，这样，招聘方与求职者就可以充分地进行信息交流和评估，包括招聘方提供的有关职位机会的信息，求职者提供的关于技能和资格的信息等，从而能够有效地降低交易成本。

第五，企业所涉及的产品（服务）市场条件不仅影响企业的收入与支付能力，也是影响招聘工作的重要因素。在企业产品（服务）市场规模扩大时，市场需求的急剧增长会促使企业将其生产能力和雇用能力最大化，需要增加员工。市场份额的扩大，也显示了企业的发展潜力，就能吸引大量的人才来应聘，从而使企业能够获得大量可供选择的应聘者。而在企业产品（服务）市场萎缩时，市场会迫使其减少劳动力的使用数量。市场份额缩小，远景欠佳，人们又不愿加入该企业，它就难以有充裕的应聘者进行筛选。

同时，市场份额的大小又会影响企业的销售收入，从而影响企业在工资、福利等方面的支付能力。而员工待遇的多少又会对该职位应聘者的数量与质量有重要影响。

二、影响招聘的内部因素

尽管宏观经济形势、劳动力市场的供求关系等外部因素影响着组织的招聘工作，但是许多内部因素对组织招聘起着决定性作用，如企业所提供职位的性质与特点、企业的发展战略与规划、企业文化与形象、企业的用人政策及企业的招聘成本等。

（一）招聘职位的性质

企业人力资源招聘的主要目的：一是为企业未来发展储备人才，二是填补职位空缺。后者较为常见。空缺职位的性质由两方面决定：一是人力资源规划决定的空缺职位的数量和种类，二是工作分析决定的空缺职位的工作职责、岗位工作人员的任职资格要求等。因此，空缺职位的性质就成为整个招聘过程的关键，它决定了企业需要招聘多少人员、招聘什么样的人及到哪个相关劳动力市场上进行招聘。同时，它可以让应聘者了解该职位的基本概况和任职资格条件，便于进行求职决策。

由此可见，职位性质信息的准确、全面、及时，是招聘工作最重要、最为基础的要求，它一方面决定了企业录用人员的数量与素质，另一方面影响着职位对应聘者的吸引力。

（二）企业的发展战略

作为企业经营发展的最高纲领，战略对企业各方面的工作都具有重要的指导意义。企业发展战略是用来解决企业在一定时期内的发展方向和发展目标问题。一个企业发展战略的选择会对企业人力资源招聘工作产生很大的影响。反过来，招聘工作质量也会影响企业发展战略的实现。

首先，企业的发展战略会影响企业招聘的数量。不同的发展战略对人员的需求量不同，例如扩张型战略需要加大招聘力度，而紧缩型战略就需要裁减人员。当组织处于快速发展时期，对人力资源会产生更大的需求。

其次，企业发展战略的选择决定了企业招聘人员的素质与类型。如选择多元化发展战略的企业需要招聘背景多样化的员工，选择国际化发展战略的跨国企业决定了其招聘来源的国际化。

最后，企业的战略选择决定了选择录用新员工的工作作风与风格。如探索型战略的企业，希望招聘的员工具有开拓性、创新意识与探索精神。如微软公司非常注重应聘者的创新性思维能力。

企业发展战略一般有三种类型：成长战略、稳定战略和收缩战略。成长战略又可分为内部成长战略和外部成长战略。内部成长战略是指企业主要依靠自身的资源和积累来实现经营规模或经营领域的扩大；外部成长战略则是指企业主要依靠外部的资源，借助兼并收购来实现经营规模或领域的扩大。稳定战略是指企业保持目前的经营规模或经营领域，既不扩大也不缩小，以实现企业的稳定运行。收缩战略是指企业缩小自己经营的规模或减少自己经营的领域。

针对不同的外部环境和自身状况，企业应当选择不同的发展战略，而在不同的发展战略下，企业人员招聘配置的活动重点也是不同的。在内部成长战略下，企业发展的重点是增强自身的实力，要借助内部的资源来实现企业经营规模或经营领域的扩大，为此企业就需要从外部招聘大量的人员，随着大量新员工的进入，原有的老员工要晋升到合适的位置上去；在人员大量变动的情况下，为了使员工更快地适应新的岗位，提供相应的培训就显得非常必要。外部成长战略则不同，它实现企业壮大的途径是兼并或收购其他企业，由于不同的企业具有不同的制度和文化，因此人力资源管理的各项活动都是以消除差别、整合力量为目标的。在稳定战略下，由于企业的规模要保持不变、企业的运行要维持稳定，因此员工队伍也要保持相应的稳定，人力资源管理活动重点是人员的内部调配。至于收缩战略，由于企业的规模要缩小，可能需要裁减人员，因此人员必然会产生流动，但是为了企业今后的发展，必须稳定住核心的员工队伍。

（三）企业文化与形象

企业文化是企业全体员工在长期的生产经营活动中培育形成并共同遵循的最高目标、价值标准、基本信念及行为规范的总和。每个企业都有自己的企业文化。企业文化影响着招聘人员的态度、行为方式和招聘方式的选用；企业文化也影响着录用新员工所应具备的价值观与行为方式，因为企业总是根据应聘者价值观念和行为方式是否与自己的企业文化相吻合来决定是否聘用。如松下公司对应聘者考查时很注意其忠诚性，华为公司注重应聘者的团队合作精神。星级酒店企业文化特别注重员工的仪表和行为规范标准，而贸易公司企业文化一般对仪表和行为规范要求不高，却对人的行为灵活性要求较高。因此，在招聘过程中不同公司对应聘者行为有不同的评判。

企业文化影响着企业招聘人员的渠道。当企业的开放程度比较高时，它不会排斥外部的人员，因此在招聘录用时，就可以从内部、外部两个渠道来进行；反之，开放程度低时，由于企业员工不欢迎外部的人员，填补职位空缺尤其是高级职位空缺就要更多地从企业内部来晋升选拔。

企业的社会声誉和企业在求职者心中的形象决定着求职者的择业倾向，决定了企业对求职者是否具有一定的吸引力。因为，每个人都希望自己成为优秀组织中的一员。业绩突出的或名牌的大公司在公众中有良好的声望，容易吸引大量的求职者，因此，企业录用到优秀员工的概率就比较高，从而有利于公司进一步的甄选录用工作。

（四）企业的用人政策

企业高层决策人员的人才观与用人政策不同，对员工的素质要求也就不同。

企业高层决策人员对企业内部招聘或外部招聘的倾向性看法，会决定企业主要采取哪种方法招收员工。有的决策者认为自己人好用、可靠，因此企业采取内部招聘方式；有的决策者认为公开招聘、专家参选的方式能获取优质人才，因此企业采取公开选聘方式；有的决策者认为从职业中介机构获取人才方便快捷、信息量大，因此企业通常采取招聘外包或到人才市场招聘的方式；有的决策者认为熟人介绍的人员可靠且风险小成本少，因此企业采取由熟人介绍的方式；有的决策者认为过去所做的业绩最可靠，因此企业接受猎头公司的推荐或选择有较高知名度的人才。

在招人揽人时，不应该忽视物质待遇的作用。人才竞争中形成的工资福利待遇使劳动力市场中人才流动最终达到均衡。但实际招聘中，为了吸引优秀的人才来应聘，很多企业根据自身的条件都提出了诱人的政策，其中就包括较高的工资福利等物质待遇条件。在企业的实践中，用高薪揽才仍然是一种有效的手段。在普通员工招聘过程中，公平、优厚的工资、奖金及完善的各种福利保障制度也是很实际、很有力的"武器"。因为在大力发展社会主义市场经济的今天，"有劳有得，多劳多得"被人们视为当然的准则。同时待遇也被认为是自身价值的体现。

由此可见，企业的报酬及福利待遇水平高低是影响企业招聘工作的一个重要因素，不能忽视。如果企业某岗位空缺很长时间，多次招聘都找不到合适的人选，企业就要检查一下自己的薪酬制度，是否因为提供的薪酬低于同行业平均水平而缺乏吸引力。

（五）企业的招聘成本

不同的招募渠道、不同的招聘信息发布方式、不同的选拔方法所需要的时间周期不同，花费的成本差异也很大。因此，企业可用于投入招聘的资金是否充裕将影响到上述工作的效果，并最终影响到招聘的效率与效果。招聘资金充足的企业在发布招聘信息时，可以花较大的费用做广告，选择在全国范围内发行的报纸、杂志等传播媒体上刊登招聘信息，也可以参加大型现场招聘活动；在对应聘者进行筛选时，可以采取更多或更精细的筛选方法，可以更广泛地调查检查求职者提供的资料和求职者的背景等。这样就可以在更大范围内更准确地选择所需要的人员，提高招聘的准确率。

除了上述因素以外，招聘新员工的时间紧迫性、企业的承受能力、企业生产对人才需求的紧迫性、企业招聘人员的专业素质等因素都会对招聘工作产生一定的影响。

不同的招聘方法完成招聘所需要的时间不同，所需时间随着劳动力市场条件的变化而变化。在市场劳动力供给短缺时，由于求职者减少，企业需要花更多的时间去比较和选择。因此，人力资源招聘人员应做好预测，以保证企业在预定的时间内获得所需合格人员。如果时间仓促，招聘人员为完成任务就会降低要求。

三、影响招聘的应聘者因素

招聘是企业与应聘者双向选择的互动过程。企业自身的因素会对应聘者的选择产生影响；同样，应聘者的特点对招聘工作也起着至关重要的作用。从应聘者角度来看，影响企业招聘的因素主要有应聘者的求职动机及强度、应聘者个人的职业生涯设计、应聘者的个性偏好等。

（一）应聘者的求职动机及强度

求职动机是指在一定需要的刺激下，直接推动个体进行求职活动以达到求职目的的内部心理活动。个人的求职目的与拟任职位所能提供的条件相一致时，个体胜任该职位工作并稳定地从事该工作的可能性较大。

求职动机强度是指应聘者在寻找职位过程中的努力程度，反映其得到应聘职位的迫切程度。一般来讲，家庭经济条件、受教育程度、以往求职成败的经历、求职时是否有工作、个性特点、个人的工作技能与经验等因素都会影响求职动机强度。个人或家庭经济条件很差、教育程度不高、个人的工作技能与经验缺乏的人，如农村进城务工者、大龄下岗女工在求职时，求职动机强度大，对应聘的工作岗位性质及企业的条件等就不会太挑剔；相反，一个接受过高等教育、有一定经济基础的未婚年轻人在择业时求职强度会低些，他（她）往往经过反复比较后再进行选择。

显而易见，个人的求职目的与拟任职位所能提供的条件相一致时，求职者与拟任职位的匹配性就强，反之就会弱。求职强度高的应聘者容易接受应聘条件，应聘成功率高；反之，求职强度低的应聘者对应聘条件较挑剔，应聘成功率低。

（二）应聘者个人的职业生涯设计

一个人从职业学习到最终退出职业劳动整个过程所经历的历程，就构成其职业生涯。随着个体对职业发展的重视，越来越多的年轻人借助于心理测试等手段确定合理且可行的职业生涯发展方向。当然，职业生涯设计伴随着工作经历的丰富会不断调整甚至重新设计。而职业生涯设计对个体的职业选择、职位追求都会产生很大的影响。例如确立未来的职业目标是成为一名计算机技术专家的计算机专业毕业生，他（她）在择业时往往倾向于计算机软件设计、系统开发、硬件维护等与其职业生涯规划有关的职位。

（三）应聘者的个性偏好

不同求职者对同一因素存在不同偏好，不同的偏好影响了求职者的应聘行为。如在个人财富总量相等、市场工资水平一致、职业技能相同的条件下，有的求职者选择闲暇、轻松但报酬低的职业；而有些求职者则对货币收入的追求程度较高，倾向于选择劳动强度、责任重的全职工作以获取较多的收入；另外有的求职者偏重于选择劳动环境，各人会表现出不同的偏好。

应聘者的家庭背景如家长的职业、家庭的经济状况、家庭教育等在很大程度上会影响其择业偏好，进而影响其职业选择，如教师之家、艺术之家、医生世家等都是家庭背景对择业影响的很好例证。

第二节 招聘基础及其需求确定

现代人力资源部门越来越关注企业的未来，以求为企业的发展提供战略性支持，这种战略性支持主要体现在人力资源规划方面。对组织招聘来说，人力资源规划规定了招聘和挑选人才的目的、要求及原则，企业的招聘工作正是基于人力资源规划的框架而开展的，人力资源规划是招聘的基础，招聘是人力资源规划相关流程的具体运用。工作分析专注于收集、分析、整合工作的相关信息，其结果是为组织招聘提供具体要求。合理平等的招聘必须以健全的、综合的职位分析为基础，进而建立正确的招聘和挑选标准，倘若对工作没有进行系统的调查，在招聘中就有可能提出与工作相左的标准。因此，人力资源规划和工作分析是招聘的基础。

一、招聘基础之人力资源规划

人力资源规划又称人力资源计划，它是企业计划的重要组成部分，在整个人力资源管理活动中占有重要地位，是各项具体人力资源管理活动的起点和依据，它直接影响着企业整体人力资源管理的效率。

（一）人力资源规划的含义与战略作用

1. 人力资源规划的含义和类型

从狭义的角度来讲，人力资源规划是指根据组织的发展战略、组织目标及组织内外部环境的变化，预测未来的组织任务和环境对组织的要求，为完成这些任务和满足这些要求而提供人力资源的活动过程。从广义的角度来讲，人力资源规划是指具体的提供人力资源的行动计划，如招聘计划、薪酬计划、培训计划、晋升计划、考核计划、退休计划等。

人力资源规划的目标是确保组织在适当的时间获得满足业务发展需要人员的数量、质量、层次及结构。一方面能够满足变化的组织对人力资源的需求，另一方面能够最大限度地开发利用组织内现有人力资源的潜力，使组织及其员工的需求得到充分满足，因此，人力资源规划需要满足组织与员工个人两方面的需要。

人力资源规划的类型。①按规划的时间可以将人力资源规划分为短期（半年至一年）规划、中期规划与长期规划（三年以上）。短期规划适合面临不确定性和不稳定多变的内外环境中的组织，中期规划则适用于那些需要在一定时间内调整和优化人力资源配置的组织，长期规划适合面临着确定和稳定的内外部环境中的组织。②按规划的范围可以将人力资源规划分为企业整体人力资源规划、部门人力资源规划、某项任务或工作的人力资源规划。③按规划的性质可以将人力资源规划分为战略性人力资源规划与战术性人力资源规划。战略性人力资源规划是企业总体的长期人力资源规划，涉及企业长远发展的宏观问题；战术性人力资源规划是企业局部的短期人力资源规划，涉及企业的运行问题，是具体细致的规划。

2. 人力资源规划的战略作用

人力资源规划具有前瞻性、战略性和指导性，是组织目标与组织人力资源管理活动的纽带和依据。其主要作用有以下三点。

第一，保障企业发展所需的人力资源，即在充分研究企业现有劳动力结构和规模、社会人力市场供求关系和发展趋势、企业发展对未来人力资源要求的基础上，制定相应的政策和措施，及时满足企业不断变化的人力资源需求。

第二，提高人员使用效益。人力资源规划可以不断改善人力分配上的低效状态，即实现人尽其才、才尽其用，避免盲目引进与下岗分流的恶性循环。

第三，促进人力资源开发。人力资源规划可以为企业人力资源开发与管理提供依据和指南，其制订、执行过程又可以引导企业管理层及基层清楚地了解人力资源开发上的现有问题、努力目标、相应的政策、程序与方法。

（二）人力资源规划的制订

通常在实施人力资源招聘时，往往遵循着系统化的过程或模式。在这一过程中有三个关键的要素，它们分别是人力资源的需求预测、人力资源的供给预测和人力资源供需平衡。在人力资源招聘规划中，通常将这三种要素全面考虑，以确定人力资源招聘规划是否做，以及如何做。

1. 人力资源的需求预测

人力资源需求预测主要是以企业的战略目标、发展规划与工作任务为出发点，综合考虑各种因素的影响，对企业未来人力资源的数量、质量和时间等进行估计的活动。在进行需求预测时须考虑如下因素：第一，企业外部环境因素，主要包括宏观经济发展趋势，本行业发展前景与国家产业政策导向的变化，主要竞争对手的动向，相关技术的革新与发展，人力资源市场的变化趋势，人口及其变化趋势，劳动力市场变化趋势等；第二，企业内部因素，包括目标任务、市场与产品组合、经营区域、生产技术、竞争重点、财务及利润指标等企业的战略决策信息，组织结构与岗位位置、管理体制与管理风格、新技术采用等未来影响生产率变化的因素；第三，企业现有人力资源状况，包括人力资源的数量、质量、素质结构，人员流动、晋升和降职、员工价值观、员工需求、现有员工人岗匹配情况等。人力资源需求预测有两方面：数量与质量。组织的需求最终由采用的技术决定。企业进行人力资源需求预测时常用的预测技术有四个。

（1）德尔菲法。德尔菲法是一种有反馈函询调查方法，由负责组织预测的人员（通常由人力资源部门负责）将要解决的问题（预测人力资源供求）及相关信息以调查问卷的方式发给各位预测专家，由他们进行预测，并将预测方案在规定时间内收回。负责组织预测的人员将专家的建议汇总起来再发给各位专家二次预测，如此反复，直到最终取得专家基本达成共识的方案为止。具体步骤：第一步，拟定预测相关主题（如战略调整下人员需求、企业并购人员需求），设计调查表，并附上背景资料；第二步，确定有关专家名单，选择在专业知识、工作经验、预见分析能力等方面与预测课题相关的人员；第三步，将调查表分发给选定的专家，由他们填写相关问题；第四步，对于第一轮调查表进行综合整理，汇总成新的调查表，再发给专家征求意见。在征求过程中每个专家并不知道其他专家的具体姓名和每个人的具体意见，如此反复几轮（3 轮到 5 轮），便可形成比较集中的意见，从而获得预测结果。

（2）经验预测法。经验预测法是根据以往的经验对人力资源进行预测规划的方法。现实中具体步骤是：组织的基层管理人员根据以往的经验将未来一段时间的活动转为本部门人员的需求增减量，提出本部门各类人员的需求预测量；再由上一级管理层对其所属的部门，进行人力的估算和平衡；通过层层估算，最后由最高管理层进行人力资源的规划和决策。采用本方法有相当的主观因素，还受到各部门自身利益等因素的影响，有可能使预测规划过程转变为部门与组织之间的谈判与审批过程。比较适合短期预测，简单易行，成本低，在中小企业中经常采用。

（3）趋势分析法。趋势分析法是确定组织中与劳动力数量和构成关系最大的因素，然后找出该因素与人力需求变化的函数关系，由此推测将来人力资源的需求情况。这种方法适合于经营环境比较稳定、人员变动比较有规律的企业使用。具体方法：首先，选择适当的商业要素作为人力资源需求的预测因素，通常会选用销售额和毛利；其次，绘制该商业要素与员工人数关系的历史趋势的图表，其比值可以提供劳动生产率（如人均销售额）；第三，计算过去至少五年的生产率；第四，用商业要素的值除以生产率计算出人力资源需求；第五，设定目标年份对员工的需求。

（4）工作负荷法。按照行业或企业历史数据，先计算出对某一特定工作每单位时间（如每天）的每人工作负荷（如产量），再根据未来的目标生产量测算出要完成总的工作量，然后根据前一标准折算出所需要的人力资源数量。如某生产型企业拟建一条新的生产线，新的生产线设计生产能力为每天 3200 件产品，每生产一个产品平均需要 0.5 小时，每天两班（每班 8 小时），问需要多少工人？每班生产能力为 1600 件产品，每人每天生产（8÷0.5）= 16 件产品，每班需要总人数为（1600÷16）= 100 人，新生产线总共需要（100×2）= 200 人。

2. 人力资源的供给预测

在确定人员需求预测后，必须有足够的合适人员满足需求。供给分析可以从两方面满足人员需求：一个是企业内部供给，另一个是企业外部供给。

企业内部人力资源供给预测时，需要对企业现有人力资源状况和人员流动情况进行预测。预测的方法主要有技术调查法、马可夫分析法、人员置换图解表。

（1）技术调查法。主要是对企业现有人力资源状况进行调查分析，利用企业档案资料和人力资源信息库，对人员的数量、知识、技能和需求进行分析，为人员的调配和管理做好准备。结合人力资源需求预测，建立人员配置表，即用图画显示组织的所有工作岗位、每个工作岗位上的现有员工数目及未来员工需求。如果企业建立了人力资源信息系统，这项工作很容易借助计算机来进行。人力资源部每年的人力资源盘点就是运用此种方法。下面是一个典型的人力资源信息系统在进行调查分析时应提供的信息：工作信息，包括职位名称、薪金范围、目前空缺的数目、替代的候选人、所需要的资格、流动比率、职业阶梯中的位置；员工信息；岗位、工作经历、出生年月、职业目标/兴趣、专业技能、教育/培训、入职时间、所受奖励、薪金和福利（历史信息、现在信息）、绩效评价、出勤情况、发展需要、流动原因。

（2）马可夫分析法。主要是对企业人员流动分析进行预测，显示每一工作岗位的员工留任、升职、降职、调迁或辞职的比率及人数。这一方法也可以用来追踪各类人员的变动模式，建立变化模型，预测劳动力的供给情况，并结合员工的数量预测。

（3）人员置换图解表。人员置换图解表是对各现有岗位人员进行考核评价，分析其可能流动的方向，从而对人员的流动情况实现控制和测量的一种图示法。它是以员工技能量表为基础，显示每一位员工的教育程度、工作经验、职业兴趣、特殊才能、工资记录和工作年限，它也可在预测中使用。当然，在建立这种量表时，必须格外关注其机密性。一份优质的最新的技能量表可以使组织迅速找到与空缺职位相匹配的员工。

当一个组织缺乏内部提拔的劳动力供给时，企业人力资源部必须关注外部劳动力的供给。企业在如下情况下需要增加人员（包括人员更换和岗位增加）：因企业发展需要增加人员，因企业技术或设备更新需要增加人员，企业转型或多种经营需要增加人员，因人员自然磨损（退休或死亡等）需要增加人员，因人员的内外流动需要增加人员。

许多因素会影响劳动力供给，包括国家和地区经济、劳动力的教育水平、特殊技能的需求、就业观念、招聘范围、人口流动性和政府政策等。目前我国劳动力市场尚未成熟，许多人力资源信息难以准确掌握，这给外部人力资源的供给预测带来很大的难度。

3. 人力资源供需平衡

人力资源规划应该保持预测技术与应用之间、需求与供给之间的适当平衡，需求的考虑建立在商业活动的预测趋势基础之上，供给的考虑包括用恰当的方式找到恰当的人选来填补空缺。如果出现人力资源空缺，我们可以用增加人员或通过培训提高工作效率两种方式满足空缺。为了满足劳动力需求，企业在制订人力资源规划时要注意，招聘会给企业增加营运成本，会对原来的相关岗位形成影响，因此越慎重越好。在一些管理先进的企业里，在评价企业人力资源管理质量时，须评价人力资源数量和产出之间的关系，如人均产值、人均利润率等。因此，在人力决策中，增加人力资源的数量是应该尤其慎重的。

在人力资源招聘规划中我们需要注意动态性。在许多对人力资源招聘需求的预测进行评价的研究中，人们关注的焦点是招聘预测的准确性。但令人遗憾的是，这些研究结果都不尽如人意。人力资源招聘预测应该与企业所面临的环境、企业发展战略等相适应，否则就会成为空中楼阁。人力资源预测的假设前提是稳定性，现在市场的不确定性和动荡性特征，使得用各种方法预测的人力需求准确性降低。

二、招聘基础之工作分析

组织的招聘工作离不开各项职能的支持，其中工作分析是人力资源管理的一项重要职能，它专注于收集、分析、整合工作的相关信息，为组织招聘提供了具体依据。合理平等的招聘必须以健全的、综合的职位分析为基础，进而建立正确的招聘和挑选标准。倘若对工作没有进行系统的调查，在招聘中就有可能提出与工作相左的标准。

（一）工作分析的内涵与目的

工作分析是企业有关人员依据组织发展的目标，通过观察和研究，全面收集企业某一工作的基本活动信息，明确每一工作在组织中的位置及相互关系，然后确定组织最必要的工作职位及其权责、任职条件的过程。通过这一过程，我们可以确定某一工作的任务和性质，以及哪些类型的人适合被聘用来做这项工作。换句话说，工作分析的任务是确定公司的组织机构及其职位数，认定每个职位的责任与权力，以及提出每个职位的任职人员必须具备的条件，最终把分析结果进行科学分析、系统描述，做出规范的书面化记录。

工作分析作为一种活动，其主体是工作分析者，客体是整个组织体系，对象是工作，包括战略目标、组织结构、部门职责、岗位中的工作内容、工作责任、工作技能、工作强度、工作环境、工作心理及工作方法、工作标准、工作时间等组织中的工作关系。

工作分析是人力资源管理工作者的一项基础性和常规性的工作，但并不是一件一劳永逸的事，应当适时根据情况的变化，对工作做出动态的调整。在下列情况下，组织需要工作分析：①建立新的组织或出现新的岗位，新的组织由于目标的分解、组织的设计与人员招聘需要进行工作分析；②由于战略的调整、业务的发展使工作内容、工作性质发生了变化，需要进行工作分析；③建立制度的需要，比如绩效考核、晋升、培训机制研究的需要。

一个组织的工作分析涉及人员、职位和环境三方面的因素。有关工作人员的分析包括工作能力、工作条件等方面，有关工作职位分析包括工作范围、工作程序、工作关系等内容，有关工作环境分析包括工厂的环境、使用的设备等范畴。职位分析又包括分析工作所涉及的人员、事务、物质三种因素，并形成经济有效的系统，以便于提供就业资料、编定训练课程及解决人与机械系统的配合，以发挥人力资源的有效利用为目的。

职位分析分别涉及有关工作人员、工作职务及工作环境，所以工作人员的分析包括人员条件、能力等，经分析而编制成职业资料（occupation information），有助于职业辅导（vocation guidance）工作的发展，达到人尽其才的目的。工作职位分析包括工作任务、工作程序步骤及与其他工作的关系，对于员工工作上的任用、选调、协调合作有所帮助，使组织发挥系统的功能，达到适才适职的目的。至于工作环境的分析包括工作的知识技能、工作环境设备，使员工易于应付工作的要求，并使人与机器系统相互配合，从而达到才尽其用的目的。由以上分析可知，工作人员的分析乃"人与才"的问题，工作职务的分析乃"才与职"的问题，而工作环境的分析乃"职与用"的问题。"人与才""才与职""职与用"三者相结合乃是人力资源的运用，通过组织行为以达到组织目的。

（二）工作分析的步骤和方法

企业在进行工作分析过程中要由适当的管理部门采取合理步骤来完成。不管采用哪种方法，都分几个步骤，并因方法的不同而步骤不同。下面介绍工作分析中最基本的步骤。

1. 工作分析规划阶段

在开始进行数据信息收集前的规划工作是极其重要的。确定工作分析的目标是最重要的，明确所分析的资料用来干什么，解决什么管理问题，目的也许是工作描述，也许是修改薪酬制度的结果，也许是重新设计岗位，也许是组织为了更好地适应战略规划进行部分调整。在实践中，不管目的如何，首先要获得高级管理人员的支持。当涉及工作的改变或组织结构的变化时，高级管理人员的支持是必需的，当员工的忧虑、抵触情绪增长时，来自最高层的支持是非常有用的。

2. 准备和沟通阶段

确认工作安排和工作方法，包括组建工作分析小组、分配任务与确定权限、时间进度、选择工作分析方法等。过去的工作描述、组织结构图、工作分析的资料和其他有关企业的信息都可以用来参考，从而节约以后过程中的时间。

最重要的一步是向管理人员、职员和其他相关人员就这一程序进行解释、沟通，侧重于对调查中他们可能产生的担心、想法进行解释。解释内容通常包括工作分析的目的、步骤、时间安排、参加人员、执行人员、联系人员等。当有工会时，工会代表要参与到审阅以往资料的工作中，以减少未来发生矛盾的可能性。

3. 分析阶段

准备工作结束后，就进入工作分析的过程。根据选用的分析方法列出进程表，要有充足的时间分配给信息收集。如果采用问卷法，最好让员工将填好的问卷在交给分析人员前，先交给他们的主管看一下。问卷表要附带有关对完成此表的方法的解释。一旦相关数据收集好了，要按照工作种类、工作组类别、部门类别进行分类。最后要对数据再审查一遍，有可能还要就有关问题再会见或提问部分员工。在对收集信息进行确认后开始分析、分解、比较、衡量、综合归纳与分类。

4. 编写工作描述和工作说明

先前的工作分析是为起草工作描述和工作说明做准备的，在后面将讨论如何写工作描述和工作说明。

不让管理人员和员工自己写工作描述和工作说明而设专人的理由如下：首先，不易形成固定的格式和内容，二者对工作描述的合法性很重要；其次，管理人员和员工的写作能力各不相同，并且他们所写的内容有可能反映了他们能够完成的事情和个人的资格能力而不是工作的要求。当工作描述起草好了，现有管理人员要审阅一遍，而是否交由员工再审阅取决于管理风格和企业文化。

所有工作完成后，人力资源部门将工作描述交给管理人员、主管、员工。主管和员工一起讨论最终的工作描述成果，这有助于对它形成一致的理解，有助于业绩评估和其他人力资源活动。

5. 保持和更新阶段

工作描述完成后，还要建立一个系统去维持它的正确性。由于企业的不断变化，整个分析的系统过程应几年重复一次。

人力资源部门的相关人员要承担确保工作描述和工作说明准确性的责任。在这个过程中，员工和管理人员扮演了重要角色，因为他们清楚地知道什么时候发生了变化。另一个有效的办法是在其他人力资源活动中使用工作描述和工作说明。例如当出现了职位空缺时，招募新人之前要重新修改工作描述和工作说明。类似地，一些企业的管理人员在业绩评估时要参阅工作描述和工作说明，从而可以识别工作描述是否能充分说明工作、是否需要修改。另外，人力资源规划通常要开展综合的、系统的复审。许多企业每三年或当技术发生变化时就开展一次彻底的审查活动，更普遍的是当发生了组织性的变化时，审查活动也随之展开。

工作分析的信息可以通过多种方式收集到，首先考虑的是由谁来执行工作分析，通常情况下是由人力资源管理部门的一位人员来协助完成，还有直线人员参与，对于较复杂的分析，还会有相关行业的专家或人力资源专家参与。要编制一份科学、完善、实用的工作分析表，必须收集进行工作分析所必需的信息。收集信息的方法主要有观察法、访谈法、问卷调查法、工作日志法、实践法和综合法等。

（三）工作分析的结果

工作说明书是用文件形式来表达的工作分析的结果，基本内容包括工作描述和任职者说明。工作描述一般用来表达工作内容、任务、职责、环境等。任职者说明则用来表达任职者所需的资格要求，如技能、学历、接受的训练、经验、体能等。

工作说明书主要由基本资料、工作描述、任职资格说明、工作环境四大部分组成。

基本资料包括工作名称、直接上级职位、所属部门、工资等级、工资水平、所辖人员、定员人数、工作性质。

工作描述包括工作概要，即用简练的语言说明工作的性质和中心任务。工作活动内容包括各项工作活动基本内容、各项活动内容占工作时间的百分比、权限、执行依据和其他。工作职责，要逐项列出任职者的工作职责。工作结果，要说明任职者执行工作应产生的结果，以量化为好。工作关系，包括工作受谁监督、工作的下属、职位的晋升与转换关系、常与哪些职位发生联系。工作人员使用的设备和信息说明，主要指所使用的设备名称和信息资料的形式。

任职资格说明主要包括所需最低学历，接受培训的内容和时间，从事本职工作及相关工作的年限和经验，一般能力，兴趣爱好，个性特征，职位所需要的性别和年龄规定，体能要求，其他特殊要求。

工作环境包括工作场所，指在室内、室外还是其他特殊场所。工作环境的危险性说明，指危险存在的概率大小、对人员可能造成伤害的程度、具体部位、已发生的记录、危险性造成原因等。职业病即从事本工作可能患上的职业病的性质说明及轻重程度表述。工作时间要求。工作的均衡性指工作是否存在忙闲不均的现象及发生的频率。工作环境的舒适程度即是否在恶劣的环境下工作，工作环境给人带来的愉快感如何。

三、招聘需求的确定

（一）招聘需求的汇总与统计

1. 招聘需求的分类

招聘需求的分类是处理招聘信息的第一步。招聘信息可以按照下面两种方法进行分类。

（1）按所要招聘的岗位进行分类。例如把需要招聘的人员按经理、经理助理、一般员工岗位进行分类。再如可以将招聘需求中的技术人员按机械工程师（含生产、研发、工艺、维修等部门的）、化工工程师等分类。这样分类，便于以后招募时分类广告的发布。

（2）按所要招聘的部门分类。例如生产车间需要 10 名机械工程师、10 名车工、5 名铣工，研发部需要 9 名机械工程师、2 名行政人员，维修部需要 16 名机械工程师等。这样分类，便于按部门统计需求人数，利于与部门工作定额、定编联系，利于提高审核与批准的效率。

2. 对招聘信息进行记录与汇总

建立一个人员招聘的资料库，将收集来的人员信息包括人员的需求表、人力资源部门对需求招聘岗位的调查情况进行汇总。对于人员需求信息，最好能按照

"岗位"和"部门"进行两种汇总,这样利于后续的审批与招募信息发布。

(二) 招聘需求的确认与审批

1. 招聘需求的确认

由人力资源部门审核单位的招聘信息,然后将人员招聘信息归纳整理后,制作完成单位年度招聘计划报批表,以书面的形式递交。

2. 招聘需求的审批

将打印出来的人员招聘需求信息正式递交企业行政人力副总和总经理审核、批准。

(三) 招聘需求确定中的常见问题与对策

招聘需求的确定直接影响到招聘工作的各个方面,在人力资源管理的工作中具有重要的意义,但是招聘需求的确定受企业各种因素的影响,在实际工作中存在着众多的难点和问题。

1. 招聘需求确定存在的问题

(1) 企业发展带来需求的不确定性。

企业的发展导致对人力资源需求的变化。由于企业发展具有不确定性,必然导致人力资源需求的不确定性。从理论上讲,某一时期企业对人力资源的需求应当是确定的,但实际上,对两种基本形式的企业人力资源需求和供给的确定,都存在难以解决的问题。

企业发展对人力资源需求不确定性的影响表现在两方面:第一,企业发展必然带来人力资源需求的变动,什么样的人力资源需求是企业各个发展时期最优的需求,这是不明确的;第二,企业发展本身具有不确定性,难以准确预测,从而影响对人力资源需求的预测和把握。

(2) 工作界定困难。

企业在将经营与发展目标转化为招聘需求的过程中存在许多困难,不能够精确界定,企业所确定的需求只能是估计的结果。企业采用各种方法确定的需求,在数量、类型、规格等方面都可能与实际需要不完全一致,不是真实的需求。

(3) 企业最优职位体系的不可知性。

在明确了对人力资源的需求以后,要将其转化为各种不同的工作职责与任务,建立起科学合理的职位等级体系,并确定各职位的任职资格,这都是属于组织设计和工作研究的内容。经过近百年的发展，组织设计和工作研究在理论与技术方法上都有了很大的发展，已趋于成熟，但并不等于说已经能够为我们提供足够的技术与方法，可以准确地将企业对人力资源服务的需要转化为工作职责与任务并建立起科学合理的职位等级体系。

（4）各职位任职资格条件的主观性。

不同类型企业所需要的人力资源是很不相同的，但是怎样才能确切地知道企业究竟需要什么样的人力资源呢？按照组织设计和工作设计的一般程序，在完成职位设计以后，根据各职位的职责和任务确定任职者应具有的素质和能力。但人的素质与能力多种多样，现实中的工作更是千差万别，也许在将来的某一天我们能够逐一确定出不同工作职责与人的素质和能力之间的对应关系，但到目前为止，这种对应关系还不是很清楚，我们还不能够准确知道适合于各种工作职责的素质和能力是什么。因此，根据各职位的工作职责和任务确定任职者应具有的素质与能力，必然带有很大的主观成分，是不准确的。

2. 基于招聘需求不确定性的管理策略

人力资源需求的不确定性是客观存在的，这应成为我们认识和实施企业人力资源管理的前提。现在我们来分析在招聘需求具有不确定性的情况下，企业人力资源管理应采取的主要策略。

首先需要明确的是，对于企业人力资源管理，准确确定招聘需求固然很重要，但不是绝对必要的。只有在追求人力资源管理绝对有效、取得最佳经济效益的情况下，准确确定人力资源招聘需求才是绝对必要的。如果承认人力资源管理只可能取得有限的效果，并以满意的效益为目标，或者将绝对有效和最佳经济效益仅仅作为人力资源管理的理想目标，作为可以无限逼近的目标，就不需要假定人力资源招聘需求可以准确确定，在实践中也不必去做不切实际的努力。

克服企业招聘需求的不确定性的主要策略有：一是经验，或者说通过实践不断学习改进的能力，二是人力资源所具有的能动性、创造性和可增值性，三是时间。经验使我们可以不断地增进对企业人力资源需求的了解，从而弥补招聘需求不确定性带来的困难。对于一个训练有素的管理者，经验常常是比各种现成的管理技术与方法更加有效的管理手段。人力资源所具有的能动性、创造性和可增值性，使其具有广泛的适应性，能够根据具体情况的变化，调整自己，发展自己，创造性地完成工作。而时间使我们可以不断地进行调整，使所确定的人力资源需求无限接近真实的需求，或者使人力资源供给无限接近真实的需求。因而企业人力资源管理的水平是长期积累的结果，不是一蹴而就的。

需要特别说明的是，我们提出企业招聘需求具有不确定性，并不是说企业各时期的招聘需求都不能把握，不能够进行测定，虽然企业招聘需求受多种因素的影响，但这些因素并不是不可知的，对人力资源需求的影响也不是不可以把握。随着人们研究的不断深入和技术手段的不断改进，人们对企业人力资源需求的认识会越来越全面和深入，最终会积累起足够的知识、技术和实证数据资料，使我们能够更准确地测定企业招聘需求。

第三节　招募计划制订与团队组建

一、招募计划的制订

为了使招聘工作高效有序地进行，就要制订招募计划，也就是说招募计划是招聘实施的主要依据，制订招募计划的目的在于使招聘更趋合理化和科学化。招募计划是组织根据部门的发展要求，以及人力资源规划中的人力净需求和工作说明的具体要求，对招聘的岗位、人员数量、时间限制等因素做出详细的计划。

（一）招募计划的制订过程

招募计划应由用人部门制订，然后由人力资源部门对它进行复核，特别要对人员需求量、费用等项目进行严格复查，签署意见后交上级主管领导审批。编制招募计划的过程，有调研分析、预测和决策三个步骤。

1. 调研分析

调研分析是制订计划的基础。为了避免盲目编制计划和盲目实施招聘，首先要做好组织人力资源状况分析，并根据本组织人力资源规划及当前的工作任务情况、招聘的范围、数量和规模，确定如何开展招聘工作。一般可从以下三方面进行。

（1）了解本组织发展与运行现状，并做详细周密的分析，以便明确工作任务及完成这些任务所需或所缺人员的情况。调查的结果是明确和确定工作岗位或者在岗人员任职情况，以及岗位职责和要求。

（2）了解与分析本组织人力资源或者局部人力资源状况，内容主要是人员的学历结构、技术人员结构、年龄结构、人力资源分布与分配状态，以及人力资源利用情况，结果是掌握组织人力资源现状及当前管理利用情况。

（3）了解与分析组织对人员更新、技术发展与革新、企业扩张等方面的规划与预测，结合组织人力资源战略与规划，预测近期人力资源的需求量、类型和趋势。

2. 预测

预测是计划的前提和依据。它主要包括组织机构变化预测、产品规划对人力资源需求的预测、新产品开发对人力资源结构和数量影响的预测、设备的技术改造与更新对人力资源结构影响的预测、劳动（工作）效率对人力资源结构和数量影响的预测、减员预测、人才市场和劳动力市场预测。比如在确定职位空缺时，不妨仔细考虑和科学地测算：本组织目前是否拥有足够的员工及他们是否拥有足够的技能开展工作，组织是否合理地利用了现有的员工及他们是否需要学习或从事一些不同的或新的工作以满足组织未来发展的需要，是否拥有足够的人手和才干来满足组织未来的发展需要，是否有财力进行新员工的招聘，需要的员工是兼职的还是专职的，空缺岗位的工作性质与要求是什么等问题，来确定是否需要招聘及招募计划的内容。

3. 决策

决策是计划的核心，具体包括：招聘的岗位、人员需求量、每个岗位的具体要求（工作/岗位分析在整个招聘中的作用很大，它主要是确定空缺岗位所包含的一系列特定任务、职责和责任，为整个招聘甄选过程提供有效的依据），招聘信息发布的时间、方式、渠道与范围，招聘对象的来源与范围，招聘方法，招聘测试的实施部门，招聘预算，招聘结束时间与新员工到位时间。决策完成了，招募计划也形成了。招募计划确定后，需要经过人力资源部经理及高层管理的批准，主要是向组织领导说明本组织目前人力资源规划分布状况及今年增加员工的数目。

（二）招募计划的内容

一般来说，招募计划的内容主要包括招聘的规模、招聘的范围、招聘的时间和招聘的预算。不同组织、不同招聘任务还可根据情况做相应的增减。

1. 招募的规模

招募的规模是指组织准备通过招聘活动吸引多少数量的应聘者。无论组织的规模如何，在进行招聘之前都应明确招聘范围和规模，就是说要明确哪些岗位需要多少人员，以及获得这些人员大致需要招聘到多少应聘者。从总体上说，招聘是根据人力资源规划进行的。就具体程序而言，招聘工作开始于正式签发"人员需求报告单"或"人员需求表"。人员需求报告单是一种具体体现人员规划所确定的人员需求及空缺岗位工作性质、任务、任职者资格和指导人员招聘工作的规范性文件，它可由组织有关业务部门与人力资源管理部门共同签发，也可由组织的高层领导签发，由人力资源管理部门具体执行。

确定招募过程中大致需要招聘到多少应聘者，一般可以借助招聘录用的金字塔模型，即将整个招聘录用过程分为若干个阶段，以每个阶段参与人数和通过的人数比例来确定招聘的规模。

使用这一模型确定招募规模，取决于两个因素：一是企业招聘录用的阶段，阶段越多，招募的规模相应地就越大；二是各个阶段通过的比例，这一比例的确定需要参考企业以往的历史数据和同类企业的经验，每一阶段的比例越高，招募的规模就越大。

2. 招募信息发布的范围

招募信息发布的时间、方式、渠道与范围是根据招募计划来确定的。由于需要招聘的岗位、数量、任职者要求的不同，招聘对象的来源与范围的不同，以及新员工到位时间和招聘预算的限制，招聘信息的发布时间、方式、渠道与范围也是不同的。

信息发布的范围是由招聘对象的范围来决定的。发布信息的面越广，接收到该信息的人就越多，应聘者也会越多，挑选的余地也就越大，即"人才蓄水池"（talent pool）的容量越大，招聘到合适人选的概率也相应地有保证，只是费用也会相应地增多。这就需要我们根据人才分布规律、求职者活动范围、人力资源供求状况及成本大小等确定招聘区域。通常招聘区域选择的规则是：高级管理人员和专家一般在全国范围内招聘，甚至可以跨国招聘；而专业技术人员可以跨地区招聘；一般办事人员在本地区招聘就可以了。

3. 招募工作时间

首先确定信息发布的时间。因为招聘工作的顺利完成需要耗费一定的时间，再加上选拔录用和岗前培训还需要一定的时间，为此，在条件允许的情况下，招聘信息应尽早发布，这样有利于缩短招募进程，有利于使更多的人获取信息，使应聘人数增加。这就需要我们对招募过程中各阶段所需时间有一个比较准确的了解，以此准确估算信息发布的时间，及时进行招募信息的发布。

根据各阶段工作时间的安排，计划中应明确制定一张招聘工作时间表，以保证招聘工作能有条不紊地如期进行。

4. 招募的预算

在招募计划中，还要对招聘的预算做出估计，以便提高招聘效率，降低招聘成本。招聘的成本预算可以由以下三项费用组成。

（1）人工费用，即组织招聘人员的工资、福利、差旅费、生活补助及加班费等。

（2）业务费用，包括通信费（电话费、上网费、邮资和传真费）、专业咨询与服务费（获取中介信息而支付的费用）、广告费（在电视、报纸等媒体发布广告的费用）、资料费（组织印刷宣传材料和申请表的费用）及办公用品费（纸张、文具的费用）等。

（3）其他费用，包括设备折旧费、水电费及物业管理费等。

5. 招募的渠道

根据空缺岗位的性质及相关情况确定招募的渠道。招募渠道一般分为内部招募和外部招募两个基本渠道。内部招募是指组织采用职位公告、岗位竞聘或部门推荐等方式在组织内部招聘新员工。外部招募则是根据一定的标准和程序，从组织外部众多应聘者中选拔获取所需要人选的方法。外部招募的主要方式有广告招聘、人才市场招聘会、校园招聘、专业机构招聘、网络招聘等（详见本章第四节）。

6. 招聘团队的人选

招聘团队组成的合理性及招聘团队成员的能力，决定了招聘结果的有效性。因此，在招募计划中要明确招聘团队的具体成员，并事先进行沟通协调，以便保证在招聘过程中能够有效参与整个流程。

7. 招聘的策略

不同的组织在聘用人才的时候有不同的偏好，体现了不同的管理文化，诸如微软的"聘用聪明人策略"、联想的"少用同学"等。招聘策略体现了组织的员工招聘方向，为吸引人才和选聘人才提供了依据。

（三）招募计划的修订

招募计划制订以后，并非一成不变，在实际操作过程中会遇到一些问题，或是由于组织内外部环境和条件的变化，需要适时地做出调整和修订，以使招募计划真正体现对招聘工作的指导性和预见性。当然，计划一旦制订后，应尽可能保证它的稳定性，不能朝令夕改，形同虚设。

二、招聘团队的组建

在现代组织中，人力资源管理越来越具有重要的战略意义，人力资源管理实践中各环节的工作，也逐渐被纳入战略意义上的思考范畴，赋予更为现代化、高效率、专业化的内容。招聘管理的有效实施必定依赖于一个高效而专业的现代招聘团队。

（一）招聘团队及其人员分工

一流的组织需要拥有一流的员工队伍。作为人力资源管理中的输入环节，人员招聘是企业管理中不可疏忽的部分。而是否能够完成招聘任务、保证招聘工作的长期有效性，则有赖于招聘人员的努力及企业对此的有效管理。同时，招聘是一项繁杂的工作，不是单靠一两个人就能完成的，尤其是一些重大的招聘事件，关乎企业的生存与发展，因此需要一个招聘团队来实施。

在现代组织中，内部的人力资源管理部门和用人部门都要参加重大的招聘工作。人力资源管理部门主持日常性招聘工作并参与招聘的全过程，招聘团队中，仍以人力资源管理部门为主，并吸收有关部门人员参加，用人部门（业务部门）的意见将在很大程度上起决定性作用。在传统观念中，招聘是人事部门的事，用人部门只要提出用人需求就行了，不用参与或很少参与到招聘过程中；事实是，只有用人部门最清楚需要什么样的人，招聘进来的人员的素质和能力将直接关系到本部门的工作绩效。

（二）构建高效的招聘团队

需要说明的是，多个人的组合不能称为团队，只能称作群体。只有在群体的相互依赖程度比较高，每个人的工作都和其他成员的工作密切相关，而且其他人工作没有成果他也不会有成果时，这种群体才称得上团队。另外，只有共性很强的群体才算是团队，才能按照团队来运行和管理。因此，招聘团队是这样一种人群组合，他们为了实施企业的战略规划、完成企业的招聘任务而组合在一起，积极协同配合，共同高效完成招聘工作。企业的招聘管理中，如果能组建这样的招聘团队，就能极大地提高招聘工作的效率，顺利完成招聘任务。

组建高效的招聘团队可采取以下四个步骤。

1. 团队运作目标的确立

高效的团队对所要达到的目标应有清晰的了解，坚信这一目标包含着重大的意义和价值，并以此激励团队成员把个人目标与团队目标结合在一起，愿意为团队目标做出承诺。为此，在团队建立之前与之初，都有必要强调招聘工作的重要意义，让团队认识到员工招聘是以不断满足组织经营管理需要、提高组织效率、增强组织核心竞争力、促进组织发展为根本目的的，明确招聘合适的人并将其安排在合适的岗位上使其发挥作用是任何组织用人的一大目标。了解以最小的代价去获得组织需要的合适的员工并使其发挥最大的作用，是每一个组织所追求的目标。

2. 互补的组合模式

一般而言，从企业的视角看，完美的团队可以定义为：外向的、有组织的、高激励的、具有创意的、勤奋的、客观的、圆融的、仔细的、博学多闻的。这九种特质不可能在一个人身上齐全，但却可以在团队中组合成功。同样，招聘者应该具有多方面的能力和良好的素质，但不可能每个招聘者都具备优秀的综合素质，可如果能够按知识、性格、能力、性别、技能等相互补充组合在一起，则有可能形成一个较为完美的组合。比如有的人工作风格雷厉风行、具有组织领导能力，有的人办事严谨、考虑问题周全，有的人老成持重、经验丰富，有的人年轻有为、富于创意，有的人懂得心理学、掌握测评技术，有的人熟悉专业技术知识，有的人擅长沟通、协调能力强，有的人写作技巧高、表达能力强。组员间优势互补、扬长避短，可以形成功能强大的招聘团队组合。另外，特别要注意组合过程的均衡性。因为只有组合均衡的团队，组员才能做出有价值的贡献。实验显示，理想的组合是 3~5 个人，每个人承担不同角色，有些人可能会承担双重角色，需要管理者加以细心组合、搭配。一般而言，一个有效运作的招聘团队需要三种不同的角色成员：一是具有招聘岗位相关专业技术知识或人员招聘专业技术知识的成员，二是具有解决问题和决策技能的成员，三是具有善于倾听、反馈、解决冲突及协调人际关系技能的成员。

3. 相互的信任和良好的沟通

成员间相互的信任和良好的沟通是建立高效团队的必要。就团队成员的信任关系而言，研究发现，信任这一概念包含五个维度，且这五个维度的重要程度是相对稳定的，通常其顺序是：正直→能力→忠实→一贯→开放。而且，正直程度和能力水平是一个人判断另一个人是否值得信赖的两个最关键特征①。一个招聘团队中，成员之间应该开诚布公，热诚对待你的伙伴并且信守诺言，同时又积极出谋划策、乐于奉献，表现出你的才能。另外，无论是互相信任的人际关系的营造或是决策中的信息反馈与灵感碰撞，都需要建立在良好的沟通机制上，通过管理者与团队成员之间健康的信息交流，通过使用有效的会议技巧，鼓励团队成员有均等的说话机会，提出宝贵的意见，创造出各种选择，进行深入的专业化思考。比如一些现代组织在招聘面试过程中，尽管采用的是一对一的面试方式，但往往需要进行多轮面试，每一轮面试之后，这一轮的面试考官即会把对应聘者的评价如实传递给下一轮的考官，尤其是对其不甚清楚的方面会特别叮嘱。最后，所有的面试考官会共同分析、探讨面试情况和面试结果，以保证面试的客观性。由于对人员内在素质测评的不确定性，以及人类自身认知过程中的缺陷性，诸如光环效应、刻板效应、投射作用、第一印象、近因效应等，都会影响招聘人员在人员选择中的准确性。鉴于招聘工作的特殊性，加强招聘团队成员之间的信任度和沟通能力，通过互相的沟通、交流、讨论，消除认识偏差，从而得出较科学的结论，就显得格外重要了。

4. 支持系统的建立

高效的招聘团队需要有一个系统的支持环境作为它运行的基础结构。现代组织的管理层，应为团队提供完成招聘工作所必需的各种资源，包括：①提供前期的培训，组织专家、教授、学者和经验丰富的实践者对团队的每个成员按照角色定位进行有针对性的业务培训，使其一方面能成为一个学习型的团队，另一方面使招聘团队的成员通过培训，明确招聘的目标和任务、掌握招聘的基本技能和要领、形成良好的工作态度和一定的凝聚力，不断提高实战技能；②建立一套易于理解的、用以评估成员总体工作绩效的测量系统和奖励系统；③建立一套起支持作用的人力资源系统；④给予配备恰当的团队领导者，所谓恰当的领导者，主要指领导者的角色定位，不是去控制，而是起到提供支持和指导的作用，指明目标，善于授权与激励他的招聘团队成员，帮助他们挖掘潜力、完成工作任务。领导者在实施招聘行为时，尤其在决策过程中，要善于汇总成员的思路，理性评估各种选择，从效用与成本出发，确定招募的渠道或者测评的方法等，某些情况下

---

① 叶微微. 魅力领导——开发高效能领导的完整策略［M］. 杭州：浙江人民出版社，2003：165.

还可以考虑聘请专业的咨询或测评机构的专家，共同协助完成招聘任务。

第四节 不同招募渠道及选择思考

人员招募就是通过一定的方法，寻找或吸引具有一定任职资格和条件的应聘者前来应聘的工作过程。招募过程的一个基本要求是找到足够数量的合格应聘者。当人力资源不足以满足组织生产经营需要时，组织就必须进行人员的增补，以弥补原有空缺职位或新增岗位。即使现有人员能满足生存发展的需要，组织也应从人力资源管理长远战略出发考虑人力资源的储备，有计划地进行招聘工作，建立人力资源库，以应对人员非正常流出或特殊情况给组织带来的震荡，并为内部劳动力市场的有效运作打好基础。在招募工作开始之前，要根据须补充人员的业务类型、职位复杂度、招募方法本身的适用性等情况，对招募方法与渠道做出正确的策略选择。可以说，到目前为止还没有哪一种招募方法或渠道是尽善尽美的，我们只能根据组织不同的需求，去选择那些最合适的方法和渠道。组织人员招聘的渠道有内部和外部两种。

一、内部招募渠道

当组织出现职位空缺时，在组织内部通过各种方式向全体职员公开职位空缺的信息，并招募具备条件的合适人选来填补空缺。内部招募作为从总体上对招聘方式和渠道进行划分的类型之一，目前在企业界和其他各类型的组织中都得到普遍运用。

(一) 内部招募的原则

内部招募应遵循以下四个基本原则。

第一，机会均等。内部招募的信息覆盖面应是整个组织内部的全体员工，应当让每一个人都清楚空缺职位的工作职责和任职要求等信息，从而使所有符合招聘条件的员工都有获得该职位的机会。

第二，任人唯贤，唯才是用。"贤""才"是人才的客观标准，"任"是主观上对人才使用做出的决策。只有解决了对人才的选任问题，才能保证合格的优秀人才有适合其发挥才干的岗位和机会。

第三，激励员工。无论是通过选拔优秀的员工到更高的职位上工作，还是通过考试将员工安排到更适合的岗位上去，都应当让广大员工认识到，不断地提高自己的工作能力将会在组织内获得更大的发展空间，从而有效调动员工的工作积极性，起到激励的效用。

第四，合理配置，用人所长。经过竞争、选拔、考核、甄选，安排最合适的人选到空缺岗位上去，使其能充分发挥自己的特长，确保其能胜任该岗位工作。如果员工在新的岗位上不能取得比原岗位更高的绩效，那么这就不是一次成功的内部招聘，同时也不能调动起本人及其他员工的工作积极性。

（二）内部招募的方法

内部招募的实施方法主要有内部晋升或岗位轮换、内部竞聘、内部员工推荐、临时人员转正等。

1. 内部晋升或岗位轮换

内部晋升或岗位轮换是建立在系统有序基础上的内部职位空缺补充办法。运用此种方法首先需要建立一套完善的职位体系，明确不同职位的关键职责、胜任素质、职位级别等在晋升和岗位轮换中的运作依据；其次需要建立员工的职业生涯管理体系，对员工的绩效状况、工作能力进行评估并建立相应的档案，根据组织中员工的发展愿望和发展可能性进行岗位的晋升和有序轮换，使有潜力的员工得到相应的发展。

2. 内部竞聘

通过内部公告的形式在内部组织公开招聘，符合条件的员工可以根据自己的意愿自由竞争、应聘上岗。内部竞聘中的竞聘人员需要接受选拔评价程序，只有经过选拔评价符合任职资格的人员才能予以录用，以保证内部招聘的质量。另外，参加内部竞聘的员工须征得原主管的同意，且一旦应聘成功，应给予一定的时间进行工作交接。对内部竞聘的员工条件也有一定的界定，如应在现有的职位上工作满一定时限、绩效评定的结果应该满足一定的标准等。总之，应完善内部竞聘的制度管理。我国目前不少国有企事业单位在改革人事管理制度中，尝试实施中层干部及一般管理岗位人员的定期竞聘上岗制度。竞聘上岗是内部获取人才的主要方法，也是当前形势下的一种创新性做法。内部竞聘由于其组织流程较为复杂，周期较长，因此不是所有的岗位都适合运用内部竞聘的方法。内部竞聘的适用条件和实施流程如下。

（1）适用条件。

一般而言，如果组织出现下列情况，可考虑采取内部竞聘的方法：①组织的领导层希望传统的人力资源体系发生突破性的改变以打破传统的僵化状态；②组织员工展示能力、表现自我的意愿非常强烈；③岗位比较重要或敏感，传统的招聘方式得不到广大员工的认可；④组织领导层之间关于岗位的人选意见不统一，存在矛盾激化的可能；⑤组织领导层想要激发员工的工作热情和积极性，同时增强其危机感；⑥现有的人选不能满足空缺岗位的需求，需要从更大的范围内发现人才。

（2）实施流程。

一套完整的内部竞聘流程对于整个招聘工作起着关键的作用，一般而言，它包括以下八个环节。

第一，岗位分析及合适人员的胜任模型确定。其中胜任模型是关键，它规定了应聘的条件。

第二，建立竞聘工作团队。通过人事部门或组织部门牵头，建立竞聘工作团队，成员包括高层领导、部门领导、工会等方面的人员，以及外请专业机构的负责测评工作的人员。

第三，发布竞聘职位公告，具体所涉及的内容包括竞聘职位名称、职位所在部门、需求人数、职位主要职责、报名条件、报名时间、报名地点、提交材料及其方式等。并注意公告应通过员工能及时接触到的途径进行发布，诸如公告栏、组织网站、电子邮件等。

第四，进行初步筛选，剔除不符合要求的竞聘申请人，但须对其进行必要的反馈。

第五，对竞聘者进行综合评价，形成评价报告，并筛选出若干名应聘者。

第六，对确定的若干应聘者进行实地考察、业绩分析等工作，形成考察报告以供最后决策之用。

第七，根据综合的评价报告和考察报告，进行聘用决策。

第八，签订职位聘任合同。

3. 内部员工推荐

当组织出现职位空缺时，鼓励内部员工利用自己的人际关系为组织推荐优秀的人才。如果组织能善用员工举荐人才的做法，不仅省时省钱，而且能提高人才质量，减轻人力资源部门的负担。但是，在员工举荐的过程中，为保证推荐的有效性，组织有必要注意以下三个因素：员工的道德水平、工作信息的准确性及中间人的亲密程度。组织鼓励或要求熟人推荐自己熟悉的人应聘空缺职位前，必须先建立一套明确的举荐制度。首先，公司将推荐办法在公司网站上公布，员工可以上网查看所有相关细节；其次，公司将职位空缺信息及所需条件也列在网上，员工可以直接将其转寄给熟人或朋友，同时员工可以在网上填写介绍表，被推荐者也可以直接通过网络传递履历，整个过程清楚方便。当然，组织在收到介绍资料后也会尽快处理、答复。

4. 临时人员转正

不少组织在核心员工或正式员工之外，为完成一些临时性的工作任务或因编制所限或因组织结构整合需要等，会雇用一些临时性员工或派遣员工。当人力资源派遣成为一种发展趋势、派遣员工或临时性员工队伍逐渐扩大的时候，组织应当特别重视这部分人力资源的价值。因此，当正式岗位出现空缺，而临时性员工的能力和资格又符合所需岗位的任职资格要求时，可以通过将临时人员转正的方式，既可填补空缺，满足组织用人需求，又能激励临时员工的工作积极性。当然，临时人员的雇用和转正都要注意在各项手续的办理中符合我国人事管理的各项法规政策。

二、外部招募渠道

外部招募是组织根据自身发展的需要，向外界发布招聘信息，并对应聘者进行有关的测试、考核、评定及一定时期的试用，综合考虑其各方面条件之后决定是否聘用的常见方式。

（一）外部招募的原则

1. 公正公平原则

外部招募的对象是广大招聘信息的接受者，面对众多的应聘者，公正公平是首要的原则。应给每一位应聘者以平等的机会，展示自我、公平竞争，使真正有能力的应聘者不因一些外界人为因素的影响而失去获得该职位的机会。组织的招聘人员，应明确公正公平的深刻含义，排除主观偏见，选拔出真正适合组织的优秀人才。

2. 适用适合原则

招聘人员应熟悉空缺岗位的工作性质、工作职责、能力要求等情况，并根据这些具体条件，认真选择合适的人选，使所招聘的人员真正适合并胜任这项工作。在实际招聘过程中，所聘用的人员并不具备担任该职位能力的现象时有发生。此外，还有一种招聘现象也不容忽视，即许多组织在招聘过程中出现的人才"高消费"现象。不少组织的招聘广告动辄提出仅招聘本科及研究生以上学历的标准，使许多有实际工作能力和经验但不具备正式文凭的人才，只能面对组织招聘的高门槛望而却步。与此同时，组织在招聘中对应聘者的期望过高，录用了能力超出职位要求很高的优秀人才，虽然在短期内组织是受益者，但其结果却造成该人才很快感到该职位并不能提供其个人发展的广阔空间，人才的流失在所难免，从而造成人员流动速度过快、频率过高的现象。这无疑会加大组织招聘的工作量和难度，增加招聘、培训等的成本。

3. 真实客观原则

组织在进行外部招募的过程中，面对的是不熟悉组织的外部应聘人员，招聘人员有必要真实、客观地向应聘者介绍组织的情况，这在国外被称为 RJP（Realistic Job Previews，真实工作预见），即在招聘时，向应聘者提供全面的信息。这有助于应聘者与组织形成正确的心理契约。实际招聘中，不少组织往往倾向于把自己的组织说得非常好，以吸引更多的人来应聘，但这通常会使应聘者产生过高的期望值，容易导致失望和产生不满情绪，甚至有上当受骗的感觉，导致新进人员保持率降低。因此，本着真实客观的原则，组织招聘人员应向应聘者如实介绍组织的真实情况，以提高招聘的有效性，防止人员流动率过高。

4. 沟通与服务原则

外部招募是组织内外互动的过程。通过信息的双向流动，组织在获取应聘者个人信息的同时，也应向应聘者传递组织的相关信息，实现组织内部与外部的双向沟通。此外，招聘过程也是招聘人员向应聘者提供咨询服务的过程，招聘人员向外界传递的相关信息，直接关系着该组织的形象。这些信息不仅包括组织的内部结构、部门设置等硬件设施和组织文化、经营理念、发展潜力等软件配置，还应该能够从招聘人员的形象、谈吐、待人接物等方面反映出该组织成员素质的培养和人格的塑造，从而使应聘者即使不能被最终录用，也能给组织留下良好的印象。

（二）外部招募的方法

外部招募的主要方式有广告招募、人才市场招募、校园招募、专业机构招募、网络招募等。

1. 广告招募

（1）广告招募及其种类。

广告招募是通过报刊、电视和行业出版物等传统媒介向公众传递组织的人力资源需求信息，以吸引求职者前来应聘的招聘方法。目前广告媒体非常多，包括报纸、杂志、广播电视、招聘现场、网络等。在借助各类广告招募合适的应聘者的过程中，要注意广告方式的选择策略，即决定选用何种媒体。这是由招聘预算和待招聘的职位特点所决定的。除了考虑成本的因素外，还要考虑职位的特点和要求。一般而言，由于报纸发行的地域性较强，故报纸分类广告比较适合于将应聘者的来源限定于某一地区使用；专业杂志广告的优点是针对性比较强，所以当招聘职位专业性较强并对上岗时间和应聘者来源地没有太多要求时，在专业杂志上进行广告招募不失为一个好选择；电视广告如能与提高组织知名度相结合，也可成为一个明智的选择。

（2）招聘广告的内容。

第一，在显眼位置标明组织标志和广告性质。招聘广告设计的最基本要求是要让阅读者一眼就可以判断出这是什么广告，不会与其他广告混同。因此，应在广告的显眼位置注明广告的性质。比如就报纸广告而言，最显眼的位置应该是左上角，其次是左边，称为"金角""银边"，这与我们汉字从左至右的排版习惯有关，在"金角""银边"的位置，应该印上招聘单位的名称和企业标志，并以大号字体注明"诚聘"或"聘"的字样。

第二，组织性质简介。招聘广告的第一段应该写清楚组织性质及经营业务等情况简介，以便让应聘者对招聘组织有一个初步的了解。但不应文字过多、喧宾夺主，而应以简约的语言将有关组织最吸引应聘者的信息表达出来。

第三，主要职责和任职要求。招聘广告要发布的最重要的信息之一是有关空缺职位的"主要职责"和"任职要求"的信息。"主要职责"告诉应聘者这个职位做什么，"任职要求"告诉应聘者应聘该职位要具备什么条件。当然这里不需要将该职位"工作说明书"中的相关条款全部照搬下来，但至少要参考其中的主要条款并以简要的语言注明。实际招聘中，或许有些人力资源经理会认为，既然我招聘的是有多年工作经验的骨干人员，还需要我告诉他们该干些什么吗？其实，同样的工作，在不同的组织中很可能是由不同的职位承担的。比如一个公司的营销经理，既要管市场，又要管销售，还要管广告和公关，而来应聘的另一家公司的营销经理，可能只管过市场，其他工作并没有经验。如果在广告中注明了工作职责，该应聘人员可能就此主动退出了。

第四，申请资料要求和联系方式。广告的最后部分，要向读者说明投寄申请资料的要求及联系方式。如"有意者请于某月某日前将详细的学习和工作简历、有关学历证书和身份证复印件、免冠近照、要求薪金、联络地址和电话寄至……"可以要求应聘者自己提出薪金要求，这是有关应聘者的重要信息。提供招聘组织的联系方式可以有三种：通信地址、电子邮件和传真。可以不提供电话，以免增加人力资源部的人力成本。

2. 人才市场招募

我国人才市场包括各级人才市场、劳动力市场和职业介绍中心等。这些机构都是各级政府人事部门与劳动部门为指导和服务就业工作而建立的人才管理服务机构。人才市场招募会往往就是由这些机构作为主办单位所开展的市场招聘活动。根据主办者情况的不同，招募会一般分为专场招募会和非专场招募会两种。专场招募会是由一家单位主办也只为这一家单位的招聘工作服务的，非专场招募会则是由人才市场或中介机构组织的有多家单位参加的招聘会。人才市场招募能使组织在短时间内集中掌握众多求职者的信息，且供需直接见面，有利于双方间的直接沟通，也有利于组织进行一定的形象宣传，因此这种方法在实际招聘工作中运用得较多。目前，人才市场招募会作为一种重要的招聘形式已经有了进一步的发展，比如出现了针对某些专门人才的专业市场招募会，以及针对应届大学毕业生的校园招募会等。要使招募工作借助招募会有效完成，需要注意以下三个问题。

（1）注意选择规模、参加单位、举办地点、声誉都比较理想的招募会。包括要了解清楚组办者的能力与社会影响，举办地点的交通情况，招募会的前期宣传是否到位，是否有同业竞争者参与等。

（2）注意做好充分的参会准备工作。准备工作可包括争取到一个有吸引力的展位、准备好会上所用的资料和相关的设备器材、对招聘人员事先进行培训、与有关协作方沟通等。

（3）注意认真处理会后信息。要求在最短的时间里将所收集到的简历进行整理，并通过电话或电子邮件的方式将组织甄选的结果与应聘者及时联系。这样做的结果，既可体现出对应聘者的尊重，也表现出组织的工作效率。

3. 校园招募

每年都有大量的大学毕业生走出校园进入社会，这些走出校门的毕业生充满朝气、可塑性强、最具发展潜力，是就业市场上的生力军，也是组织获取新鲜人力资源的来源。越来越多的组织将目光对准校园，展开各种各样的校园招募活动，以之作为获取人才的一个主渠道。

目前，不少组织主要采用的校园招募方式有以下三种。

（1）各种校园活动。包括开展各种校园招募演讲会，宣传组织形象，同时吸引优秀毕业生加盟；举行各种校园竞赛活动，从中选拔优秀大学生等。

（2）学生直接去组织中实践。即邀请学生进入组织中进行社会实践、工作实习或者参观访问等，使学生直接而深入地了解组织，对组织产生兴趣。组织也可以借此了解与观察实习学生的综合素质和能力，进行双向选择。

（3）设立奖学金制度或与学校联合办学。不少希望建立良好校企关系的组织，在相对专业对口的学校里设立了奖学金制度，用以资助那些学业优秀而生活困难的学生。通常情况下，获得奖学金的优秀学生还可以获得优先进入组织工作的机会，同时，受资助的学生也会对组织心存感激，愿意为组织的发展做出自己的努力，也使学校成为未来员工的培养之地。组织在决定去哪一所大学招聘时，必然会有一定的考虑，比如会考虑该学校在关键技能领域的声望、学校的总体声望、过去从该校中聘用的员工的绩效等。一般这种联合办学培养的人才在毕业后可全部来到培养组织工作，组织不仅出资而且提供专业实习基地，这种方式通常适合某些特殊专业的专门人才的培养。

4. 专业机构招募

外部招募中组织经常采用的方式就是委托人才招募机构。专业人才机构主要是指那些人力资源服务公司、人才中介服务公司、人才租赁公司、猎头公司等机构组织。鉴于不少人才中介机构都有自己独特的测验工具和测验体系，有多年的招聘经验，再加上对某一行业领域人才市场的熟悉，他们能为组织提供一些比较权威的、独特的测验分析报告，帮助雇主选拔人员，节省了组织招聘选拔的时间。特别是一些组织如果没有设立专门的人力资源部时，可以借助人才中介机构求职者资源广而且能提供专业咨询和服务的优势。当前，我国的人才服务机构可分为公共服务机构和私营服务机构两种类型。

（1）公共人才服务机构。

相对私人服务机构，我国的公共人才服务机构发展更早也更发达。由于在计划经济体制下我国就存在劳动局和人事局的传统分割状态，因此就业与人才服务也分化为劳动力市场和人才市场，出现了组织招聘"蓝领"去劳动力市场、招聘"白领"去人才市场的分离现象。与发达国家不同，我国的公共人才服务机构在招聘中扮演着主体角色。全国各经济区域、各省市都有各自的劳动力市场和人才市场，形成了覆盖全面但又各自为阵的市场体系。

（2）私营人才服务机构。

私营尤其是外资的人才服务中介机构开始发展，与公共人才服务机构一起，构成我国人才与就业服务的专业机构格局。

在各种人才中介机构中，针对高级人才的专业招募机构，就是人们常说的"猎头"公司。这种招募机构特色鲜明，工作效率高、服务费用高。在美国，通过这种机构招募的职位其年薪在 5 万美元以上，而雇主需要支付的费用占到该职位年薪的 30%~50%。由于我国经济的快速发展，对人才尤其是高端人才的需求量大大超过了人才市场的供给量，因此国内猎头机构业务量也很快提升。就组织而言，选择猎头公司应掌握以下两个原则。

第一，所选公司应是可靠诚信的。诚信可靠主要表现为：一方面，猎头公司为了能有针对性地搜寻相关人才，需要了解委托方的各方面资信与管理信息，如不能很好地加以保密，没有良好的职业道德，可能给委托组织带来损害；另一方面，该猎头公司必须遵守行业内的规定，能自始至终完成整个招聘过程。根据猎头行业规定，一家猎头公司在替前一个客户完成招聘工作的两年内，不得再替新的客户去挖自己给前一位客户招聘的人员。

第二，所选公司应是经验丰富的。经验丰富表现为：首先，作为寻才顾问，应娴熟掌握有关人事政策，如特殊人才引进办法、高新技术企业专利法等；其次，要有丰富的市场运作经验和专业操作经验，要能准确判断所需人才、应付的薪酬等，甚至能"先知先觉"，比其他竞争者先行一步，对相关人才市场甚至全球的人才市场行情了如指掌，能给客户提供有实用价值的意见和方案；最后，要有良好的人际关系和广泛的社会网络，保证人才选择面的广泛。

5. 网络招募

网络招募也称在线招募或者电子招募，它是指利用互联网技术进行的招募活动，包括招募信息的发布、简历的在线搜集整理、电子面试及在线测评等。随着企业信息化程度的极大提高和互联网家庭用户的迅猛增长，网络已经成为越来越多的组织招聘和人才求职的最重要手段。网络招募以其招聘范围广、信息量大、可挑选余地大、应聘人员素质高、招聘效果好、费用低等优势，获得了越来越多组织的认可。跨国公司将网络招募与传统的招募方式结合起来，由此构建一套完善、多元的人才交流体系，而网络招募占据强势地位。

与传统招聘方式比较，网络招聘具有三个优势。首先，提高了招聘信息的处理能力。企业利用搜索引擎、自动配比分类装置、自动反馈等技术，可以更快更好地识别、发掘优秀人才。其次，增强了招聘信息的时效性。电子招聘没有时间限制，供需双方可以随时通过传输材料进行交流。最后，降低了招聘成本。电子招聘因无地域、时空限制，供需双方足不出户即可直接交流，节约了人力资源部门的精力、时间和费用。网络招聘的不足则表现为：由于缺乏面对面的沟通交流，无法深入考查应聘者的综合能力、内在素质、语言表达等，还需要之后进一步的考查；目前的招聘网站良莠不齐，加上缺乏规范管理和有序竞争，许多网站之间的竞争演化成信息的竞争，一些网站不经授权转载报纸杂志或其他网站的招聘信息，导致公布的信息失真失效、过时虚假，误导应聘者；网络招聘需要与网络硬件、信息技术关联，在一些发展不平衡地区可能缺乏足够的生存空间。

网络招募有委托人才网站招募、刊登招募广告、利用 BBS 发布招募信息、通过公司主页发布招募信息等几种方式。

三、招募渠道的选择

(一) 内部招募与外部招募的模式比较

各组织的招募实践表明，组织应按招募计划中的职位数量和资格要求，根据对成本效益的计算，来选择一种或几种招募渠道和相应的招聘方法。

在组织招募实践中，无论是内部招募还是外部招募，都有其一定的优势和劣势。我们通过掌握它们之间的特点，具体情况具体分析，灵活选择、有效应用。

1. 内部招募的优缺点

内部招募的优点主要表现为以下四点。

（1）为组织内部员工提供了发展的机会，体现了组织对内部员工的信任感，这有利于稳定、激励内部员工，调动员工的积极性，提升内部员工的工作热情和绩效水平。

（2）可为组织节约大量的费用，如广告费、招聘人员与应聘人员的差旅费、被录用人员的生活安置费与培训费等。

（3）简化了招聘程序，为组织节约了时间，省去了许多不必要的培训项目（如职前培训、基本技能培训），减少了组织因职位空缺而造成的间接损失（如岗位闲置等待、效率降低等）。

（4）在能够使组织获得大量非常了解自己的应聘者的同时，组织对内部员工也有了较为充分的了解，被选择的人员也更加可靠，有利于保持组织内部的稳定性，尽量避免识人用人上的失误。而且，对于那些刚进入组织时被迫从事自己不感兴趣的工作的人来说，则提供了较好的机遇，使他们有可能选择从事感兴趣的工作，进一步提高了招聘质量。

内部招募的缺点主要表现为以下四点。

（1）由于人员选择面狭小，往往不能满足组织发展的需要，尤其是当组织处于创业初期或快速发展时期的时候，或是需要特殊人才（如高级技术人员、高级管理）时，仅仅依靠挖掘内部人力资源显然是不够的，必须借助组织外的劳动力市场，采用外部招募的方式来获得所需的人员。

（2）内部招募可能使被拒绝的申请者感到不公平、失望而影响工作的积极性和创造性。

（3）如果长期使用内部招募，会导致组织内部近亲繁殖，管理理念和管理风格缺乏差异性、缺少创新意识，影响组织的活力和竞争力。

（4）内部招募有可能在一定程度上造成内部部门之间的矛盾。比如当一名优秀的员工受到多个部门欢迎的时候，由于有的部门经理比较容易获得员工认可，员工会倾向于该部门，或者由于职位之间待遇上的差异，员工会选择薪资高的职位，等等。因此，内部招募可能给部门之间的关系带来一定的矛盾。

2. 外部招募的优缺点

外部招募的优点主要表现为以下五点。

（1）外部招募挑选的余地大，能招聘到更优秀的人才，特别是一些稀缺的复合型人才，从而可以节省内部培养和培训人员的费用。

（2）新员工会带来不同的价值观和新观点、新方法、新思路，从而给组织带来更多的创新机会。新员工加入组织，与组织内部的人员没有各种复杂的关系，可以放手工作。

（3）外聘人才可以在无形中给组织原有员工施加压力，形成危机意识，激发员工的斗志和潜能，从而产生"鲇鱼效应"，通过良性竞争实现共同进步。

（4）外部招募可以缓和、平息内部竞争者之间的紧张关系。组织内部可能会出现同时有几个人员基本符合某一空缺职位要求的情况，不良的竞争会导致钩心斗角，影响正常工作。而外部招募可以使竞争者得到某种心理平衡，从而缓解他们之间的矛盾。

（5）外部招募也是一种很有效的信息交流方式，组织可借此树立良好的社会形象。

外部招募的缺点主要表现为以下四点。

（1）由于信息不对称，往往造成甄选难度大、成本高，可能出现被聘者的实际能力与招聘时的评价不符合的现象。

（2）外聘员工需要花费较长的时间进行培训和定位，可能挫伤内部有上进心、事业心的员工的积极性，或者引发外聘人才与内部人员之间的冲突。

（3）外聘人员需要一定时间才能适应新的组织文化，并可能出现"水土不服"的现象。

（4）外聘人才可能使组织沦为外聘员工的"中转站"。

（二）不同发展阶段、不同文化下的招募渠道选择

组织在不同的发展时期可以选择不同的招募渠道。在组织的初创期，特别需要有能力、有经验的人才加盟，然而现场招聘这样的人员几乎没有可能性，因为这些人才往往已经有稳定的职位，不大会有空闲时间去参加现场招募会，但有可能通过网络投放简历，所以组织可以采用网络招募的方式去寻找。初创时期，由于组织规模较小、员工人数有限，一些组织在此阶段会更多地从外部进行招聘以补充大量的空缺职位，尤其是基层的很多岗位。但对于管理人员和技术人员，此时可采用内部招募，根据不同员工的表现给予内部晋升、工作轮换、返聘等。而对于成长期的组织，由于组织规模日益壮大，对新员工的需求量逐渐增加，内部劳动力市场满足不了组织的发展，需求和供给的矛盾会比较突出，需要较多采用外部招募的方法，因为这样一方面可以满足本组织对人才的需求，另一方面也可借此展开对组织的形象宣传。此外，成长期组织如果需要中高层管理人才的话，可能更适合通过猎头公司进行招聘。

另外，不同的组织文化与经营风格也会倾向于不同的招募渠道和方法。还有一些组织根据自己的发展战略和偏好，从应届大学毕业生中招聘人员，他们看中

的是大学生所具备的开拓创新和不惧困难的精神，尽管事后他们需要花费很大的精力和财力去培训这些新手。另一些组织在一定阶段更希望从外部组织（经常是竞争对手那里）招聘那些有相应工作经验并有社会关系网络的熟练型人才，招聘后不需要重新培训即能使用。

第五章 人才招募策略之甄选与面试实施

第一节 人才初步甄选的内容

人才甄选是招聘活动之人才招募之后的一个环节，指的是综合利用心理学、管理学和人才学等学科的理论、方法和技术，根据特定岗位的要求，对应聘者的综合素质进行系统、客观的测量和评价，从而筛选出适合的应聘者的过程。其过程包含两个核心：测量与评价。测量是评价的基础，是依据事先设计好的规则对应聘者所具有的素质通过一些具体的方法给出一个可比较的结果；评价是测量的延续，是对测量结果进行深入的分析、评价并给出定性和定量的结论供录用时参考。

一、简历与申请表甄选

（一）简历与申请表概述

1. 简历

简历是应聘者自己携带的个人介绍材料。简历的内容大体上可以分为两部分：主观内容和客观内容。招聘组织的注意力主要应放在客观内容上。客观内容主要分为个人信息、受教育经历、工作经历和个人成绩等几个方面。个人信息包括姓名、性别、民族、年龄、学历等，受教育经历包括上学经历和培训经历等，工作经历包括工作单位、起止时间、工作内容、参与项目名称等，个人成绩包括学校、工作单位的各种奖励等。主观内容包括应聘者对自己的描述，如本人的性格、兴趣、爱好等，主要是应聘者对自己的评价及描述性的内容。

应聘者简历的格式往往五花八门，很难统一，而且，有些组织需要的信息不一定能在简历当中反映出来，这为甄选制造了很多麻烦。同时，简历内容不统一，也不便于在应聘者之间进行比较。但每个人的简历又有个人的特色，简历给应聘者较大的自由创造空间来展示自己的能力和风采。

2. 申请表

申请表是由招聘组织设计，包含岗位所需的基本信息，并用标准化的格式表示出来的一种表格。申请表的目的是收集组织需要了解的岗位相关信息，方便对应聘者进行甄选，并从中选出参加后续甄选的人员。申请表一般包括个人基本情况、应聘岗位情况、工作经历和经验、教育与培训情况、生活和家庭情况、个人的职业发展设想、个人的任职要求等。需要注意的是，应聘申请表中不应含有歧视性项目和可能涉及个人隐私等敏感性内容。

一般来说申请表有以下三个特点。

第一，结构清晰、内容简洁。经过精心设计的申请表应该有合理的结构，并且布局很简洁，可以使甄选过程节省很多时间，加快预选的速度，是较快、较公正准确地获取应聘者有关资料的最好办法。

第二，既有通用信息，又能反映岗位特色。相对于简历而言，申请表可能更可靠，因为申请表是组织决定填写哪些信息，并且所有应聘者都要按表中所列项目提供相应的信息，因此可以使招聘组织比较准确地了解到应聘者的相关历史资料。

第三，为后期的其他选拔方法提供参考。申请表有助于在面试前设计具体的或有针对性的问题，有助于在面试过程中做交叉参考，看看有无矛盾之处。

（二）申请表的设计

有很多组织自己设计出申请表的格式，要求应聘者填写。但无论格式有什么样的区别，申请表中不外乎都包含如下六项内容。

一是个人基本资料。包括姓名、性别、近照、年龄、籍贯、婚姻状况、健康状况、联络地址及电话、个人邮箱、家庭状况等。

二是教育背景。主要说明应聘者所受的教育历程和内容，其中包括教育程度及历程、毕业年限、主修科目、撰写的论文主题、特殊训练课、个人成绩等。

三是工作经验。这是申请表中最重要的部分，这部分应该能够真实反映应聘者的职业经验和经历。在设计时，应该覆盖的信息有所在组织的名称、起止日期、所在部门、岗位名称、主要的工作职责、重要的业绩、离职原因、薪资福利状况、直属上司或下属、主要参与的项目、所获得的奖励和处罚等。对一些刚从学校毕业的新入职场的人员来说，这部分内容能够看到他的社会活动能力，包括参加社团及担任职务、举办的活动、志愿者活动、社会实践等。

四是能力资格和培训经历。通过这部分内容可以获取与岗位相关的技能信息，如专业训练与证件、职业资格证书、语言能力和计算机应用能力等。

五是自我认识和其他个人信息。自我认识的信息包括个人性格描述、自我评价、价值理念、生涯规划、兴趣爱好等，其他个人信息包括个人希望待遇、对工作环境的期望、应聘动机等。

六是组织希望了解到的其他信息。组织可以根据需要设定一些较为个性化的问题，以便有更多的参考信息对应聘者进行判断，如"你职业生涯中经历的最困难的事情是什么？你是如何应对的？""你如何评价自己的优缺点？"等。

（三）简历与申请表的甄选方法

如何从一人堆简历和申请表中挑选出面试的应聘者？这是招聘人员发布招聘信息后要做的第一件事。虽然大多数人力资源管理者已有了相当多的简历分析经验，但仍不可避免地会犯一些错误，以至将真正合适的应聘者从一开始就拒之门外。

现在应聘者对简历的包装都已非常熟悉，因而在格式上很少再出现以往那种不知所云、极不专业的简历，但有不少的应聘简历为了迎合招聘方的需要而增加一些虚假的内容，或是夸大事实，这就需要对简历做出准确的判断。对一些重点的问题，在接下来的面试及其他甄选中进行确认，并使其他甄选实施更有针对性。

应聘者简历和申请表的人工甄选可从以下五方面进行。

1. 查看应聘者的基本条件

结合招聘岗位要求查看应聘者的基本条件，主要包括个人信息、受教育程度、工作经历、工作岗位和工作内容、个人成绩五方面。

（1）个人信息。

根据岗位的要求对应聘者的工作年限、学历、相关工作经验等信息进行判断。同时，根据职业生涯的规律，判断个人的就职动机。通常在 25 岁以前的职业初期，个人求职是为了增加职业经历；26~30 岁之间，会比较注重个人职业定位与发展；31~40 岁，属于经验比较丰富的时期，这个阶段个人比较注重工作的薪资福利和更好的职业发展机会；到了 40 岁以上，应聘者会比较注重工作的稳定性。

（2）受教育程度。

在查看应聘者教育背景时，要特别注意应聘者是否用了一些含糊的字眼，比如没有注明大学教育的起止时间和类别等、没有注明学位的情况、没有说明是全日制教育还是业余教育等。查看应聘者培训经历时要重点关注是否为专业度较高的培训、组织培训机构的专业性和权威性、专业与培训的内容是否相吻合等。

（3）工作经历。

这部分是查看的重点，也是评价应聘者是否符合工作要求的最重要的判断，应从三方面做出分析与甄选。①工作的期限。主要查看应聘者总工作时间的长短、跳槽或转岗频率、每项工作的具体时间长短、工作时间衔接等。②是否有频繁跳槽或转岗的现象。可根据这方面的信息分析其任职的稳定性，如果能够判定不适合职位要求的，直接淘汰掉。③查看应聘者工作时间的衔接情况。如果应聘者存在非常频繁地变换工作的情况，那么他们每次工作变换的原因是需要分析的。当然，频繁地变换工作也并非绝对存在问题，关键是为什么变换工作。通常来说，频繁更换工作的应聘者工作稳定性较差。

（4）工作岗位和工作内容。

查看这部分描述的工作内容和目标岗位要求的工作内容是否符合。

第一，主要查看应聘者经历的工作岗位和内容是否与招聘岗位的工作相关，如相去甚远则需要认真考虑。例如从事若干年财务工作的人员申请销售职位，则需要判定其动机和是否有销售的潜能。

第二，结合工作时间，查看应聘者在专业上的深度和广度。如应聘者短期内工作内容涉及较深，则要考虑简历虚假成分的存在。在安排面试时应提醒面试考官作为重点来考查，特别是细节方面的了解。查看应聘者曾经工作的组织的大致背景，特别是对中高层管理岗位和特殊岗位，通过面试过程进行审核，确认其曾经的职位与管理权限，这样就能获得关于应聘者更完整的信息，发现其中的亮点和疑点。对于亮点和疑点，都不是最终判断，还必须通过进一步的甄选进行确认。

第三，结合以上内容，分析应聘者所述工作经历是否属实、有无虚假信息，分析应聘者年龄与工作经历的比例，例如一名 28 岁的应聘者，曾做过教师、行政人员、财务人员、公司的总经理，来应聘工厂厂长，显然这样的经历是不太可信的。如果能够断定不符合实际情况的，直接淘汰掉。

（5）个人成绩。

主要查看应聘者所述个人成绩是否适度，是否与岗位要求相符（仅作为参考，不作为简历甄选的主要标准）。

2. 查看主观内容

这部分的信息包括应聘者对自己的评价性与描述性内容，如自我评价、个人描述等。主要查看应聘者自我评价或描述是否适度，是否属实，并找出这些描述与工作经历描述中相矛盾或不符合、不相称的地方。如果能够判定应聘者所述主观内容不属实且有较多矛盾之处，可直接淘汰掉。

3. 全面审查简历中的逻辑性

主要是审查应聘者工作经历和个人成绩方面，要特别注意描述是否有条理、是否具有逻辑性、工作时间是否有连贯性，是否有矛盾的地方，并找出相关问题。例如一份简历在描述自己的工作经历时，罗列了一些 500 强公司的高级职位，但其所应聘的却是一个普通职位，这就须引起注意，如能断定简历中存在虚假成分可以直接淘汰掉。或者可判定应聘者简历完全不符合逻辑的，也可直接淘汰掉。

4. 简历的整体印象

主要查看应聘者简历书写格式是否规范、整洁、美观，有无错别字，以及通过阅读简历给招聘者留下的印象。

5. 查看应聘者薪资期望值

大多数情况下，薪资是工作最重要的目的之一，如果双方的薪资期望差别很大，则很难促成最终的录用。在申请表中可以要求应聘者注明薪资的要求，以了解个人的期望值是否和组织的薪资水平相吻合。

除了人工甄选的方法之外，随着网络招聘的广泛应用，越来越多的组织开始利用计算机的方式进行甄选。通过在相关的招聘网站上要求应聘者填写申请表，与此同时，计算机根据组织的要求自动对填写的内容进行甄选，对不符合组织要求的申请表进行剔除，从而大大减少了甄选的工作量，提高了甄选的效率，但计算机甄选无法评价一些主观的信息，因此质量上要比人工甄选低，可以作为人工甄选的辅助手段。

（四）电话甄选

在对收到的简历和申请表进行甄选之后，在面试之前，可以通过电话对应聘者进行访谈，即电话甄选。经过电话甄选，可以放弃那些不符合条件的应聘者，缩小候选范围，从而加速甄选的过程，也节省大量的时间。

（1）电话甄选的目的。

当应聘者的简历或申请表基本符合面试条件但也有些含糊不清的地方时，需要通过电话沟通，了解一些真实的信息。如某组织需要招聘电话销售人员，电话甄选便是通过电话交流，来判断应聘者的语言表达能力、应变能力等情况。

通常情况下，电话甄选是和其他甄选方法结合使用的。电话甄选是甄选中的一个环节，不能替代面试和专业测试。电话中只能从应聘者回答问题的声音、语态及说话的内容来对应聘者进行判断，而应聘者的表情、肢体语言等并不能反映出来，结合其他的方法使用会提高人才甄选的效度。

（2）在进行电话甄选时沟通的内容。

第一，通话开始，即确认应聘者姓名，并向对方进行自我介绍，说明来电的目的；同时询问现在打电话是否合适或方便。

第二，告知应聘者简历来源与应聘岗位。有些应聘者申请了多家组织的岗位，或申请已经过了一段时间，因此不太记得曾经申请的岗位是什么，此时应该向应聘者提醒和确认。

第三，向应聘者简单介绍组织或岗位情况。需要注意的是，应该客观介绍招聘组织的背景和职业发展计划。

第四，了解应聘者目前所在地及目前工作状况。确认具体的工作起始时间，目前工作的主要内容、主要技能、应聘者应聘原因及离职原因。

第五，了解应聘者对应聘岗位的认识和对薪酬福利的期望值。

第六，请应聘者提出其所关心的问题。

通过电话沟通情况，最终判定应聘者是否符合基本要求。如果符合的话，可以进入下一步的甄选程序。

二、背景调查

背景调查的目的是获得应聘者更全面的信息及不被应聘者提供的虚假或夸张的信息所迷惑。背景调查是一个非常重要但又常常被招聘人员所忽略的问题。进行背景调查有三个关键环节要把握住：一是何时进行调查，二是调查内容的设计，三是调查如何操作。由于人才在市场上处于供大于求的状况，应聘者面临极大压力，被迫在应聘时对自己进行包装，简历越做越精美，工作经历越来越丰富，其实水分很大。那些学历低、工作经验不足的应聘者为迎合用人组织的需要，弄虚作假，致使假文凭、假职称证书到处泛滥。

（一）背景调查的意义和作用

背景调查是组织获取应聘者真实信息的重要手段，越来越多的组织开始注重对应聘者的背景进行调查，有些组织甚至不惜花重金聘请专门的中介机构来进行。

背景调查的意义和作用表现在以下四方面。

第一，核实个人简历中的信息。需要核实的信息包括教育背景和工作经历，要验证应聘者所提供的信息是否属实，这主要是针对应聘者在简历中故意提供虚假或模糊信息，有些信息在面试的过程中很难辨识。如果对应聘者提供的虚假信息信以为真，则可能导致用人失误，会给组织造成大量的直接和间接损失。

第二，核查应聘者有无过失或严重违纪的行为。应聘者的简历中不会暴露自己犯错误、违纪或是曾经被除名的经历，但如果录用这样的员工，对组织来说无疑是巨大的隐患，因此，通过调查可以了解应聘者在以往工作中有无违纪等道德风险事件，以降低录用风险。

第三，发现关于应聘者的简历以外的信息。通过应聘者以前工作过的组织可以了解到应聘者的人际关系、合作精神等信息，也可能了解到简历上未注明的某些个性和技能、工作习惯、品格等方面的信息。

第四，预测将来绩效的依据。应聘者以前的工作业绩是未来岗位上业绩预测最有效的参考。一个有效的甄选过程，可以了解应聘者的具体表现，预测其在新岗位上的表现，也可以了解到应聘者的潜能，从而能够为其制订职业发展规划，或是为其提供适当的培训与提高的机会，有利于组织对人才结构进行有效的调整，并在组织与个人的发展方面实现共赢。

（二）背景调查的内容

背景调查应根据工作岗位分析、申请表分析和个人简历分析的有关内容，来制作背景调查表。通常调查的内容有三方面。

一是教育和专业培训背景。组织应检查应聘者所提交的正式教育的期限和类型，有时可以向其导师核对背景信息。美国公司强调大学教育，并花费很大力气发展同高校的联系；日本公司强调同高校的长期关系，这些高校为学生而展开竞争，并为向与学校有联系的公司推荐学生做好准备。

二是职业资格和认证的信息。为了提升各个行业的运营标准和专业度，很多职业和岗位都有专门机构组织的职业资格考试和认证。如财务方面有注册会计师的考试，通过这项考试，则证明应聘者有过硬的专业能力。还有些考试，如人才中介师的考试，只有通过考试的人员才能取得执业证书从事相关的工作。正因为这些考试或认证有权威性，有一些急功近利的人会伪造虚假的职业证书或提供虚假信息以获取职位，因此，对于这些资格和认证应该进行确认，以免录用了滥竽充数的人。

三是工作职位、经验和成就。详细核实应聘者的工作起止时间、所在部门、职位、职责、上下级关系。尽管申请表或简历可以列出各种职位等级、参加各种活动及其奖励的一系列名称，但要把这些与特定的职业要求联系起来是很难的。有些应聘者在申请表或简历中表述的工作职责很丰富，在面试中也夸夸其谈，很难判断其真实的能力，因此可从其前任公司那里获取具体的业绩数据和相关信息，来判断其能力。

(三) 背景调查的实施

1. 选对背景调查的时机

对于背景调查的时机有两种不同的观点。一种观点认为应在完成申请表或个人简历分析后、面试等其他甄选开始之前进行。这样，可以避免不适合的应聘者进入后续的甄选过程。另一种观点认为背景调查最好安排在面试结束后与上岗前的间隙中进行，此时大部分不合格人选已经被淘汰，对淘汰人员自然没有实行调查的意义。剩下的佼佼者数量已经很少，进行背景调查的工作量相对少一些，并且根据几次面试的结果，对应聘者的资料已经熟悉，此时调查，在调查项目设计时更有针对性。根据调查结果，决定是否安排上岗，以免在上岗后再调查出问题，令公司和人力资源部进退两难。

一般而言，对于重要的且应聘人数较少的岗位，可以考虑采取第一种观点，因为这类重要岗位对应聘者的要求较高，因此需要通过较为复杂的甄选过程，其甄选的单位成本较高，先将不合适的人员淘汰掉，可以降低后期的招聘成本，是一种很好的初步甄选方法。而对于人数多、岗位要求相对不高的情况，可采用第二种观点，避免前期背景调查的成本过高，周期过长。具体而言，选择什么时机进行背景调查，要以成本核算为基础。

2. 背景调查的实施方和调查目标部门

背景调查大多数情况下由人力资源部门来进行，对于一些高级职位或很难获取信息的职位可以委托中介机构进行，但要注意，要选择一家具有良好声誉的中介机构，明确地提出需要调查的项目和时限要求。

根据调查内容把目标部门分为四类，分头进行调查。

（1）学校学籍管理部门。在应聘者毕业的院校查阅应聘者的教育情况，核实应聘者的教育经历是否属实、应聘者受教育的形式（是全日制还是成人教育）、在学校的成绩和表现，这些信息用以核实学历的真实性，有效地防止假文凭、假证书兴风作浪。组织可以通过全国高等教育文凭查询网，对应聘者的学历进行检验。我国已经对近年来颁发的高等教育毕业文凭进行了电子注册，用人组织可以通过网络方便地检验出学历的真伪。对没有上网的文凭，可以通过与高校有关部门联系来证实。

（2）应聘者历任就职公司。从应聘者以前就职的组织那里可以了解到应聘者的任期、职位、工作部门、工作业绩、表现和能力等信息，用以帮助确定应聘者工作经验的真实性。但需要注意的是，在做这部分调查的时候，应该从前任公司的人力资源管理部门和应聘者的前任上司那里了解情况，而不是一般同事和非直接的上级。同时，对于评价的客观性需要加以鉴别，有的上司为防止优秀员工被挖走，而故意低调评价手下干将，以打消竞争对手的挖人意图；有的直接领导对应聘者有些个人看法，因而故意给出较低的评价。因此，在收集这方面信息的时候应该确保公平性和客观性。

（3）应聘者的熟人。由有关人员写推荐信，从应聘材料中所提供的与应聘者熟悉的那些人那里获取信息。但研究表明，这种方法所得出的结果对应聘者未来工作业绩的预测效果不佳，原因是大多数为应聘者所提供的推荐或证明材料是积极的，因而很难利用它们对应聘者进行区分。写推荐信的人通常都是应聘者自己选定的，这就不排除他们选择自己熟悉或对自己评价较高的人来写推荐信。

（4）档案管理部门。一般而言，从原始档案里可以得到比较系统、原始的资料。目前，档案的保管部门是国有单位的人事部门和人才交流中心，按照规定，他们对档案的传递有一套严格的保密手续，因此，档案的真实性比较可靠，而员工手中自带的档案参考价值就大打折扣。但目前人才中心保管的档案存在资料更新不及时的普遍缺陷，员工在流动期间的资料往往得不到补充，完整性较差。相比较而言，国有单位人事部门对自己员工的资料补充较好，每年的考评结果都会入档。

（5）应聘者所接触的客户或合作机构。应聘者以前的客户和合作机构与应聘者在工作上有很多实质性的往来，尤其是重要的客户，在和应聘者的长期接触过程中，对应聘者的工作能力和业绩都有所了解，因此，他们是收集应聘者信息的一个很好渠道。从另一个角度来说，外部人员的评价信息对个人信息的全面性有很好的补充。

三、知识测验

（一）知识与知识测验

知识是指人们在生活、工作、学习等各种实践活动中所获得的对客观事物的认识与经验的综合，一般包括理论知识与经验知识。理论知识是对前人经验与认识的总结和概括，是通过学习获得的；经验知识是人们亲身实践的认识体会，是在生活实践过程中形成的。

知识测验是指通过纸笔测验的形式，对应聘者的知识广度、深度和知识结构进行测评的一种方法。考试录用人才的做法是由我国古代先人首创的，我国古代创立并发展的成熟的科举制度，就是一个选才面广、方法完备、制度严格、标准统一的严密体系，科举制以其竞争性、广泛性、公平性为历代王朝统治者选拔优秀人才发挥了重要作用。此后考试录用方法被广为流传。通过考试录用人才虽然也有其自身缺陷，但总体来说，还是目前最为公正合理、行之有效的甄选人才的方法之一。

知识测验作为一种重要的甄选方法，可以有效地测试应聘者在基础知识、专业知识、管理知识、相关知识，以及综合分析、文字表达等方面的能力。

知识测验最明显的特点，就是以书面试卷的形式对应聘者提问，要求应聘者书面作答，而不是采用口头表述的方法。

1. 知识测验的优缺点

知识测验的方法具有许多优点，主要体现在以下六方面：①可以大规模进行，也可以同时对大批应聘者进行测试，这样成本相对较低，费时少、效率高；②试题编制可经过深思熟虑，反复推敲，多方咨询，具有较高的信度和效度，科学性强；③试卷评判比较客观，体现出公平、准确的特点，成为测评人才素质的一个重要依据；④应聘者的心理压力较小，较易发挥正常水平；⑤知识测验能涵盖较多的考点，可以对应聘者的知识、能力进行多方面的测试；⑥知识测验的试题和结果可以作为一种档案材料长期保存，以备以后参考查询。

同时，知识测验的方法也存在局限性，主要表现在：①知识测验无法考查应聘者的思想品德修养、工作态度、口头表达能力、灵活应变能力、组织管理能力、操作能力等；②可能出现"高分低能"现象，使组织得不到真正需要的有能力的人才；③应聘者可能由于猜题、欺骗、舞弊而获得高分；④对应聘者表述不清的问题不能直接询问，以了解其真实水平。

2. 知识测验的种类

知识测验一般分为选拔性知识测验和资格性知识测验两种。选拔性知识测验是"常模参照性"考试，其功能是区分、选拔，如高考等，目的是从应试者中选拔优秀者；资格性知识测验则是水平考试，是"目标参照性"考试，其功能是评定、鉴别，如会计师考试、自学考试等，目的是评估应试者的水平是否达到某一规定标准。

（二）知识测验试题的编制

试题的编制是整个知识测验的核心环节，试题的质量关系到是否能准确地测评出应聘者对知识掌握的情况。

1. 知识测验试题的编写要求

知识测验试题不仅用来考查应聘者的知识和能力，同时还是组织形象和业务水平的体现，因此，在编写试题时一定要认真、仔细，同时还要求编题人员掌握一定的编题技巧。针对不同岗位要求，编制的试题也不尽相同。总体来说，要符合下列七个基本要求。

（1）试题的知识点架构合理。要尽可能涵盖到每个知识模块，考点多且分布合理，考查的内容能很好地反映岗位所需的知识和能力，考试的广度、难度、深度要符合实际工作的要求。

（2）试题语言应当规范，没有歧义，容易理解，同时，避免使用过于独特的专业词汇和缩写字母，造成应聘者难以解答。

（3）试题要保持独立，尽量避免试题之间的提示。出题用语客观、独立，使用中性陈述，不带有提示成分。同时避免考点的重复，或是上题的题目答案在后面其他类型的题目中出现的现象，这样等于给应聘者送分，失去了考查的意义。

（4）试题要难度适宜，同时避免出一些生僻的题目。考试的目的是选拔胜任工作的人，因此，题目的内容能够反映工作的真实要求即可。另外，还要注意题目难易搭配比例适当，这样，有利于区分应聘者的能力。

（5）试题应当新颖，不落俗套，要综合考查应聘者的记忆、表述、应用、构思水平，问题的正确答案要明确有定论，但不能生搬硬套。试题形式要灵活多样，不出生题、怪题。

（6）主观题目和客观题目结合。用人组织可以根据自己的实际情况合理地安排主观题和客观题的比例，既能考查知识点，又让应聘者有所发挥，综合考查个人的知识掌握情况。

（7）合理安排题量。首先确定好考试的时间，题量不能过多，不然，有些题目比较重要，应聘者却没有时间完成，造成考试的结果不能客观反映个人的真实水平。

2. 知识测验的题型

知识测验的题型有很多种类，为方便起见，本书从试题答案是否唯一的角度划分为客观题和主观题进行介绍。

（1）客观题。

客观题的答案是唯一的、封闭的。试题就某一个知识点要求应聘者做出精准的回答，试卷或是给出了每道题的固定答案，或是让应聘者补充完整唯一的内容，回答有偏差就不能得分。客观性的试题有明确的参照答案，不需要批阅人主观的判断，而且，批阅起来也很方便，可以大大提高批阅的效率。现在很多大型的考试采用计算机批阅客观题的形式，节省了很多批阅时间。

常见的客观试题有填空题、选择题、判断题、改错题等。下面就选择题和填空题做简要介绍。

选择题由两部分构成：题干和选项。题干是问题的陈述部分，选项包括正确答案和干扰信息。选择题分为单选题和多选题，选项为4~5个。相对来说，多选题的难度大一些。选择题的答案固定，批阅和统计都比较容易，因此被广泛使用。

填空题由未完成的陈述句构成，要求考生填写其中空出的关键词。填空题旨在考查应聘者对知识的认知和记忆，而不是理解和应用。需要注意的是，填空题的空词部分应该是知识核心词汇，没有异议，而且空白之处不能太多，以便于考生的理解。同时，答案必须是唯一的，便于最后使用统一的评分标准。

（2）主观题。

主观题的答案往往是开放性、非唯一的，给应聘者很大的自由度，能够看出应聘者的综合能力和思维深度。题目的判断由批阅人结合答案参考要点和自己的主观经验给分，因此会受到批阅人的个人认识和判断力的影响。

常见的主观题有简答题、论述题、作文题等，以下仅就简答题和论述题做一简单介绍。

简答题是主观型题目，针对某一明确的知识点进行发问，简答题的答案也比较明确。简答题能够考查应聘者对知识点的理解，题目编制容易，不受猜测影响，也比较容易批阅。

论述题是非常典型的主观题目，题目要求应聘者对某一个现象或者问题进行深入的分析，并能够有说服力地说明自己的观点。论述题不要求有统一的答案，允许一定的灵活性，鼓励应聘者自由发挥。这种考试方式能够测评出应聘者组织材料的能力、综合分析能力和文字表达能力，有时还能测出创造力。但是由于没有非常统一的答案，因此评分的时候会受到一些主观因素的影响。

（三）知识测验的实施步骤

知识测验一般包括以下六个步骤。

1. 成立知识测验考务小组

知识测验过程中有大量的工作要进行准备，通过知识测验考务小组可以有效推进整个过程的实施，具体包括计划的制订、试题的编制、考务的组织等。

2. 制订知识测验的实施计划

为了使知识考试能有序进行，需要制订周密详细的实施计划。计划的具体内容主要包括以下四方面。

（1）知识测验的目的和科目确定。

（2）知识测验的组织与安排，包括知识测验的负责机构或负责人、测验估计的规模大小、测验实施的时间和地点的安排、监考人员和阅卷人员的安排等。

（3）知识测验的效果预测等。

（4）组织测验的预算。

3. 组织人员编制知识测验试题与测试

根据要招聘职位的要求，确定要考查的指标，以此为基础确定试题的类型、内容、难易程度、题量和标准答案（或参考答案）等内容。有些岗位招聘的数量大、周期长、重复性多，则可考虑建立题库系统，通过题库的建立，避免经常进行题目的编制，同时通过诸如一定周期的试题更新来不断充实题库，完善知识测验的体系，也可为未来员工的培训提供素材。在试题编制完成之后，可以选择一部分相关人员进行测试，在此基础上对试题进行审核与修订，以确保试题的信度和效度。

4. 知识测验的实施

知识测验的实施包括考前通知、考场管理和考卷保管等内容。考前通知是根据考试计划的时间、地点通知应聘者和安排培训监考人员，考场管理是考试现场的布置、考务的组织、监考等工作，考卷保管是考试结束后的考卷回收和存放管理。

5. 知识测验阅卷评分

对回收的试卷，安排阅卷人员进行阅卷评分，安排工作人员审核分数，最终形成知识测验成绩报告。

6. 知识测验结果运用

对于知识测验的最终成绩，一般有两种用法：一种是按照分数从高到低的原则选取一定数量的人员进入下一轮的甄选，这是一种选拔性的方式，起到了择优的功能；另外一种是达到一定分数的人员进入下一轮的甄选，这个分数一般都在事先确定，以体现公平性，这种方式在一定程度上避免了唯分数论导致的高分低能风险。

目前，有些组织已经建立了知识测验的在线考试系统，事先将测验的试题导入考试系统，安排应聘者在线测验。这种方式一方面提高了知识考试中客观题的批阅效率，另一方面非常方便进行各类测验信息的统计比较，对知识测验效率和效果的提高起到了积极的辅助作用。

四、心理测验

（一）心理测验概述

心理测验主要是通过对人的一组可观测的样本行为进行有系统的测量，来推断人的心理特征的测评方法。

1. 心理测验的特点

人的心理很复杂，很难像测量重量、高度等客观的物理现象那样，能够被量化地测量出来；也不像人的行为那样，可以被直接观察和分析。归纳起来，心理测验有如下三个特点。

（1）心理测验的间接性。人的心理特质就像一个暗箱，无法直接观察和测量，心理测验只能测量人的外显行为，即通过测量个体对测验题目的反应，从而推论其心理特质。在此，心理测验有如下假设：人的心理活动与行为具有因果关系。由"果"推"因"，这是科学研究的基本方法之一。

（2）心理测验的相对性。在对人的行为做比较时，没有一个绝对的零点，即没有绝对的标准，有的只是一个连续尺度上的行为序列。测量就是看每个人处在这个序列上的什么位置，由此给予定量和定性的评价，这都是以所在团体的大多数人的行为为标准，或以某种人为确定的标准为标准，相比较而言的。

（3）心理测验的客观性。心理测验的客观性就是测验的标准化问题。首先，测验的题目、指导语、主试的言语和态度及测验实施时的物理环境等，均经过标准化，尤其是题目的确定，是在预测的基础上，通过对题目难度和区分度的统计分析最终确定的；其次，评分计分的方法经过了标准化，对反应的量化是客观的；最后，分数的转换和解释经过了标准化，对结果的推论是客观的。测验的标准是通过对总体的代表性样本的测量结果确定的，测验的信度和效度也在一定程度上经过了实践的检验，依据这些资料所得出的推论，就比较可靠和客观。

2. 招聘中的心理测验应用类型

心理测验的分类很多，对于不同的用途可以进行不同的选择，在员工招聘的甄选过程中，一般可以从四个角度分析应聘者与岗位的匹配性。

（1）能力测验：考查应聘者基本或特殊的能力素质，如逻辑推理能力等，反映的是应聘者"擅长做什么"。

（2）人格测验：考查应聘者的人格特质与职业的相关性，反映的是应聘者"适合做什么"。

（3）兴趣测验：考查应聘者对职业的兴趣程度，反映的是应聘者"喜欢做什么"。

（4）价值观及动机测验：考查应聘者职业发展中所重视的价值观及驱动力，反映的是应聘者"为什么要做"。

（二）能力测验

能力通常分为一般能力和特殊能力。一般能力主要包括注意力、观察力、记忆能力、思维能力、想象能力等，特殊能力在职业活动中，体现为数学能力、音乐能力、机械操作能力、绘画能力等。

1. 一般能力测验

一般能力测验也是我们通常所说的智力测验，是完成各种活动都必须具备的某种能力。按照施测方式的不同，一般可分为个别智力测验和团体智力测验。

个别智力测验是指一个主试在同一时间内只能对一个被试施测的测验。团体智力测验是指众多被试可以同时受测的测验。

对于某些智力测验来说，既可个别施测，也可团体施测，如《瑞文标准推理测验》等。科学测验的产生源于智力测验，同时智力测验也是最早运用于人员的测评和甄选中的。

2. 特殊能力测验

特殊能力是在某些专业和职业活动中表现出来的能力，体现了经过适当训练或被置于适当环境下完成某种任务的可能性，是一个人能够获得新知识、新技能的一种潜能。目前的特殊能力测验主要包括诸如多重能力倾向测验、特殊能力倾向测验等。多重能力倾向测验包括差异能力倾向测验、一般能力成套倾向测验、职业能力倾向测验等，特殊能力倾向测验包括文书能力测验、机械能力测验、操作能力测验等。

在招聘的甄选过程中，重点关注的是职业能力倾向。比较典型的有一般职业能力测验和公务员录用考试中的行政能力倾向测验。一般职业能力测验包括言语能力、数学能力、空间推理能力、知觉能力、抽象推理能力、逻辑推理能力、机械推理能力等方面；行政职业能力测试包括四个相对独立的分测验，即数量关系、语言理解和表达、判断推理及资料分析，测试内容以文字、图形和数表三种形式出现，采用的是客观性试题模式。

（三）人格测验

人格也称为个性，是指人在心理、行为方面所表现出的不同于其他人的特点，也就是个体在其生理素质基础上，在长期生活实践中形成的具有一定意识倾向性的稳定的心理特征的总和。一般而言，人格包括态度、兴趣、动机和性格测验等内容。我们通常说的性格一词不是一个心理学的概念，而是一个更为大众化的词汇。在日常的语言中，我们经常听人们说一个人的性格怎样，基本上指的是一个人的性情、脾气、禀性等。与人格有关的另一个概念是气质。气质通俗的含义是指人整体表现出来的心理特征。在心理学中，气质则是指与人的先天神经特点有关的心理特征,是指人的神经反应速度、强弱、平衡性、灵活性等高级神经活动的特征。

人格测验的方法有以下三种。

1. 自陈量表法

自陈量表法多以自我报告的形式出现,所以又称问卷法,即对拟测量的个性特征编制若干测试题(陈述句),被试者逐项给出书面答案,依据其答案来衡量评价某项个性特征。

自陈量表法不仅可以测量外显行为(如态度倾向、职业兴趣、同情心等),也可以测量自我对环境的感受(如欲望的压抑、内心冲突、工作动机等)。自陈量表法是心理测验最常用的方法,它具有以下特点:①测试工具一般是调查表,题目编制的数量多,大都包含多个分测量表,以同时测量多维度的个性特征;②易受测试对象和测试形式的影响,通常采用一定的措施来控制这种影响;③传统采用纸笔的形式,随着现代计算机和网络技术的发展,逐步采用人机对话的在线形式;④可以测试个体,亦可测试团体。

自陈量表法的优点在于:①可操作性强;②采用标准化测试的形式;③简单易行,解释比较容易,可进行自我诊断;④客观、全面,应用非常广泛。

不足之处在于:①稳定性差,由于个人的行为随时间而有所改变,所以人格测验所测量的行为比能力测验的稳定性差;②被测试者容易弄虚作假,测试中的有些问题意图明显,稍有头脑的求职者往往可以不费吹灰之力就能使别人相信自己非常适合于干某项工作;③问卷调查表中的有些问题容易被钻空子,对一些涉及社会价值和社会道德的问题,应聘者往往偏向选择社会所期望的答案,或有把自己表现得更好的倾向;④不同文化背景会影响回答问题时的倾向,例如中国人受到中庸之道的影响,在选择中倾向于折中的答案。

2. 投射测验

投射测验与其他人格测验相比,通常有以下一些特征:一是呈现给被试者的是一个模糊而相对无结构的刺激情景,这使被试者有机会表达其内心的需求和许多特殊的知觉,以及对该情景所做的各种解释,而许多潜意识的东西在问卷式的人格测验中常常不能显露出来;二是投射测验的目的对被试者来说是蒙蔽的,即被试者不知测验的目的,因此,被试者不易伪装;三是被试者可以用各种方式来自由回答问题,而不像问卷方法那样要求特定的回答方式;四是投射测验注重人格的整体分析,而一般的人格测验往往只能测量某些人格特征。

投射测验的主要方法有以下六种。

（1）联想技术。为被试者呈现一些刺激，请被试者报告对这些刺激的反应，根据被试者的反应做出分析。常用的联想技术有各种墨渍投射测验、各种字词的联想测验等。

（2）构成技术，指的是被试者需要根据一个或一组图形或文字材料讲述一个完整的故事。这种测验主要测量被试者组织信息的能力，从测验的结果分析被试者的深层心理。比较著名的有罗夏墨迹测验、主题统觉测验、麦克莱兰的成就测验，其他的还有测量人们信念、宗教信仰、价值观等的测验。这种技术主要侧重于对被试者产出的分析。

（3）词句完成法。把一些没有完成的句子呈现给被试者，请被试者根据自己的想法把句子完成，例如"我觉得我们的企业……"，被试者可以做出各种反应。这种方法比上述的两种都简单，但却很能说明问题。

（4）排序技术。请被试者把一组目标、愿望、需要等按某种标准加以排序的方法。许多价值观、成就动机、态度的测量都用这种技术。

（5）表现技术。这是一种侧重过程性分析的技术，不大注意被试者的产出。要求被试者参加一些活动，通过这些活动可表现出他们的需要、愿望、情绪或动机，他们处理事物、人际交往方式无不带有个人的独特特征。这些活动设计要求符合实际生活的场景，如做游戏、演一出戏、角色扮演、画一幅画等都可以。

（6）个案分析技术。这是一种综合性技术，既有表现的成分又有投射的成分。个案设计应贴近实际，请被试者根据文中提供的线索做出自己的判断和评价，被试者在操作时要付出一定的努力，充分发挥想象力，所以这种方法能引起被试者的很大兴趣。

3. 仪器人格测评

仪器人格测评是指通过科学的仪器对被试者的人格进行测试，以了解被试者心理的一种科学测评方法。随着科学技术的不断发展，测量心理活动的仪器越来越多，诸如多功能心理测试仪、眼动仪等，这些仪器在测量人的兴趣、动机等方面提供了具有丰富价值的参考。

第二节　面试实施的流程与技巧分析

一、面试实施的流程

面试尽管是最常用的甄选方式，但同样也是操作难度较高的测评方式，在招聘组织评价应聘者的同时，也是应聘者进一步综合了解招聘组织的机会，整个面试准备工作做得如何、面试考官和面试流程如何等，都将直接影响应聘者对招聘组织的印象，甚至影响其获取职位的愿望强度。选择有效的面试方法，遵循规范的面试实施规范，可以大大提高面试的有效性。

一般而言，在进行了初步甄选后，面试的整个管理过程主要有三个阶段。

（一）面试准备阶段

1. 确定面试方式

面试方法的选择是基于不同的招聘需求确定的，从结构化程度、组织形式、目的、经济、效率等因素出发，确定具体的面试方式。

（1）普通职位招聘。普通职位招聘的特点是职位相对较低，对应聘者要求不高。这类招聘可以采用两轮面试，即初试和复试，是一种非压力面试，有些甚至是一对一的面试，即只有一名主考官。初试可由人力资源部负责，复试则由用人部门的直线经理负责。整个过程相对简单，时间较短。这种方式可以降低成本，提高效率。

（2）管理职位或关键职位招聘。管理职位或关键职位的特点在于职位在组织中的级别或重要程度较高，对组织起关键的作用，对组织发展影响大。这类职位的招聘需要更高的精确性，因此，要进行多轮面试，某些诸如市场总监等职位要选用压力面试，是一种团体面试的形式。整个过程相对复杂，时间较长，甚至还要结合其他甄选方式。

涉及多轮面试的，针对招聘职位的不同，应确定由不同职务的人主持面试。

2. 组建面试考官团队

面试一般需要多名考官参与，其中一名为主考官。面试考官团队可以根据不同的面试方法来确定，完整的面试考官团队构成可由 5~7 人组成，包括组织高层领导、人力资源经理、直线经理、外部专家等，在确保基本考官团队的基础上可在不同面试阶段有不同组合。

面试考官的选择是面试成败的关键，考官的工作能力、个性特征及各方面的素质将直接影响面试的质量。面试过程中，面试考官对应聘者的评价是录用与否的重要参考指标。当这些人只是以个人的好恶或不公正的标准去评判应聘者时，给招聘与录用工作带来的损失是不可估量的。因此，由什么人做面试考官就显得尤为重要。

合格的面试考官应具备以下十项基本特征：①良好的个人品格和修养，为人正直；②具备相关的专业知识，至少在面试考官团队中不应存在知识组合的缺口；③丰富的社会工作经验；④良好的自我认识能力；⑤善于把握人际关系，协调考官和应聘者；⑥熟练运用各种面试技巧；⑦能有效地面对各类应试者，控制面试的进程；⑧能公正、客观地评价应聘者，不带有主观性；⑨掌握相关的人员测评技术，了解基本的甄选方法和技巧；⑩了解组织状况及职位要求，能明确组织的需求。

3. 设计面试提纲与试题

面试的主要目的是根据应聘岗位的要求对应聘者进行评价，以确定哪些人选可以胜任。面试评价指标的确定通常基于工作分析或胜任力模型分析，考查招聘职位所需要的 KSAO，即知识、技能、能力和其他特点。面试提纲一般包括评价指标和面试试题，其中试题可分为通用试题和重点试题。

通用试题适用于所有应聘者，主要是为了从广泛的问题中了解应聘者的情况，从中获取评价信息。通用问话提纲涉及的问题很多，不可能在相对较短的时间内全部提出，这就要求面试考官根据应聘者的具体情况选择提问。

重点试题是针对具体应聘者提出的。面试前，每位应聘者都必须填写《应聘人员登记表》，同时，每位面试者都有相关的应聘材料。因此，每位面试考官都必须汇总这些材料，从中发现问题，以便面试中进行提问，深入了解应聘者。重点试题有则多，无则少，视具体情况而定。

4. 拟定面试的评价表

面试的评价表由若干评价指标所组成，设计时还应注意到评价等级的确定，一般可采用五级或七级。面试评价表有两种形式：一种是等级评价表，一种是附有行为描述的评价表。

设计面试评价表时，要明确评分具有一个确定的计分幅度和评价标准，明确评价指标的权重，把每个测评要素根据应聘者的表现分成若干等级，或者用不同的分值表现出来，最终产生一个总分。

5. 安排面试场所

面试前的最后一个工作是面试场所的选取和环境控制。需要注意以下四方面。

（1）确保面试场所的独立性。面试要有单独的场所，如会议室等，并在面试期间在门上注明"请勿打扰"，以免受到干扰。面试场所一般不宜选在办公室，以免受到电话和其他工作的影响。

（2）确保面试场所的合适性。面试场所的大小选取应根据面试的方式而确定，如个人面试可以选取较小的空间，而小组面试则要求有较大的空间。

（3）确保面试场所的宽松性。面试场所的基本要求是安静、舒适，拥有良好的采光和封闭的环境，以此保证面试过程在宽松的环境中进行。

（4）注意面试座次的安排。一般而言应遵循以下原则：第一，应聘者与考官座位不宜过远，避免沟通中听不清彼此的谈话，或导致考官看不清应聘者的表情和动作；第二，应聘者与考官座位不宜太近且目光直视，这样容易给应聘者造成压力，影响其真实情况的表现；第三，应聘者和考官座位不宜平行，这样容易造成沟通过程姿势别扭，影响观察和交流。因此，保持合适距离的斜向座位形式既避免了目光直视，又有利于观察，是较好的座位形式。

6. 准备面试资料与道具

具体面试的资料和道具准备包括以下六项内容。

（1）应聘者的简历或申请表。用以了解应聘者的基本信息，并作为面试过程中审核其真实性的基础。

（2）心理测验报告。如果做过心理测验，其报告可作为考官面试时的参考，可结合甄选内容，对关键特征进行追问以确认评价结果的有效性。

（3）其他诸如笔试等的结果资料。

（4）面试题本、面试记录表和评价表。有时，也可以将以上资料整合成一份考官手册，供考官在面试过程中使用。

（5）面试结果汇总表。用以收集和汇总考官的评分结果。

（6）其他面试所需道具。如录音设备、录像设备、考官台卡、计时器等。

7. 培训面试考官

培训面试考官是为了改变传统面试中凭经验和直觉评价的问题，提高面试的准确性。面试培训一般包括理论知识和实践技巧两大部分。

理论方面的培训主要是使面试考官掌握与面试有关的人力资源资讯，诸如面试的概念、优劣、类型等。实践技巧的培训则主要是通过模拟的方式练习面试过程中经常用到的各种技巧，诸如改善提问技巧、了解面试的组织、提供支持、建立和谐的相互关系、倾听技巧、记录技巧、掌握采集相关资料的技巧、评分技巧等。就某一次特定的招聘面试而言，培训还要达到以下六个目的。

（1）使面试考官熟悉招聘职位的性质和要求。通过回顾岗位说明书及面试评价内容，侧重了解招聘职位的主要职责，对任职者的知识、能力、经验、个性特点、职业兴趣等要求和工作中的汇报关系、环境因素、晋升和发展机会等了然于胸。

（2）使面试考官熟悉应聘者的情况。通过阅读应聘者的简历或申请表、心理测验报告等材料，使面试考官了解应聘者的基本背景情况和心理特征，如姓名、年龄、性别、身体状况、教育和训练状况、工作经历、薪资及离职原因等，此外还可以发现应聘者材料中缺少的信息，甚至是前后不一致的地方，以便在面试时提问和进行有效信息采集。

（3）使面试考官熟悉整个面试的程序及日程安排。

（4）使面试考官熟悉自己所扮演的角色，主要是自己所提的问题及如何与他人配合。

（5）使面试考官熟悉面试试题、统一评分标准，将考官的差异性降到最低限度。

（6）其他注意事项的提示。

8. 制订面试的实施计划和进行面试通知

面试其他准备工作完成后，首先，需要制订面试的实施计划，包括时间、地点、考官名单、应聘者名单等。在确定具体面试计划时，要先与考官确认面试时间，确保考官有时间参与；确认面试地点可用，避免临时调换等现象，避免给应聘者留下不良印象。其次，对于通过初步甄选进入面试阶段的应聘者，在确定好面试时间后需要进行面试通知，通知的方式包括电话通知、信件通知、E-mail通知、短信通知等。在通知中要明确以下内容：一是告知具体的面试时间、地点、联系人、联系电话、交通方式，二是告知应聘者需要准备的具体事项等。

（二）面试实施阶段

面试实施阶段是面试的核心阶段，指的是具体面试的实现过程。事实上，从应聘者进入招聘组织后、未进入面试室之前，就已经可以对其进行一些观察了，通过在候考过程中的一些行为表现也可以对应聘者进行了解。

从招聘组织方来讲，也要做好接待工作，事先协调好大楼保安、门卫和前台服务人员，方便应聘者顺利到达候考室；运用事先准备的签到表进行签到，并安排好候考，包括提供一些诸如公司介绍等阅读材料和茶水；在规定的时间将应聘者引入面试室，并由考官确认身份后正式开始面试。

正式面试包括以下五个阶段。

1. 关系建立阶段

首先，考官通过简洁的欢迎词和一些与工作无关的开场白，为应聘者创造轻松、友好的氛围，主要使应聘者放松心情，逐步进入面试状态。这一阶段的问题可以涉及比较熟悉的事情，诸如交通、天气等主题，如"路上过来多长时间？""我们这里容易找到吗？"

其次，考官通过面试指导语的介绍，使应聘者了解面试的基本意图、规则、时间和流程安排，做到心中有数。

2. 导入阶段

考官可围绕简历或申请表提出一些应聘者比较熟悉的问题，以缓解其紧张情绪。这些问题包括个人的学习或工作经历介绍等，问题较为宽泛，自由度大。这一阶段的问题可包括"请简单介绍一下你的学习经历""请介绍一下你现在工作的具体职责"。

3. 正题阶段

考官根据面试题目及相关要求与应聘者进行双向交流，获取应聘者与应聘岗位核心胜任力的匹配信息。通过一系列基于关键能力的行为性问题及相应的追问，一方面使应聘者充分展示自我，另一方面可以获取应聘者的关键信息。考官在此过程中充分运用提问、倾听、引导、观察、记录的技巧，全面获取应聘者的知识、能力、个性特征等资料，以供最后评价之用。这一阶段的问题如"当你的领导误解你，当场对你进行批评时，你怎么办？"追问："能不能举个例子讲一下当时的情况是怎样的？"追问："后来你是怎么处理的？"

4. 深入阶段

在完成常规问题提问之后，可以提出一些有深度的、敏感的或尖锐的问题，包括对初步甄选中的疑点、本次面试过程中的不足进行深入探究，以期获得应聘者更为全面的信息。这一阶段的问题如"刚才讨论的实例中你提到人力资源规划，具体你会怎么做?"

5. 面试结束阶段

在考官问完问题之后、面试结束之前，给予应聘者一个补充和修正面试过程中回答内容和向考官提问的机会。然后在友好的气氛中结束面试，并说明告知面试反馈结果的周期，让应聘者等待通知，最后对应聘者表示感谢。这一阶段的问题如"你有没有什么要补充的?""你有没有什么问题还需要了解的?"

（三）面试评价阶段

面试评价是指面试过程中根据应聘者的面试表现进行评价的过程。面试结束后，考官应回顾面试记录，根据面试记录中的信息在面试评价表中对应聘者进行评价。

一般评价方法有打分式评价、评语式评价和综合式评价。

打分式评价是对应聘者各个考查内容对比评分标准后打分，比较简单易行，但无法体现应聘者个体的差异性；打分式评价可有量词式标准，由强到弱表述为：很好、较好、一般、较差、很差。

评语式评价是对应聘者不同考查内容的完整特征的描述，但要求较高，评价时间较长；如主动性，由强到弱表述为：提前行动，能意识到别人没注意的问题，具有前瞻性，能在没有确定正反的情况下，主动采取必要步骤解决；能在问题出现时迅速采取行动，在了解相关政策后及时做出反应，以使出现的问题最少或阻碍最小；能按照要求自主地开展工作，不需要督促完成任务；完成工作不自觉，需要在别人督促下进行。

综合式评价则是打分式评价和评语式评价的综合，在打分的基础上同时对应聘者的一些典型特征进行描述，既可以横向比较，也可以纵向比较。

面试评价不宜在面试实施过程中进行，以避免对应聘者的观察不够全面，一般在面试结束后马上完成，以免时间间隔太久遗忘信息导致错误的评价。从操作过程而言，考官先各自打分，之后可以进行考官内部评议，最后将分数提交给工作人员进行汇总，通过面试计划拟订的权重核算出应聘者的面试得分。有时还可由主考官组织最后的评议，对相关应聘者的表现进行讨论和分析，得出最终的结合招聘岗位要求匹配性的结论。

如果面试是本次甄选的最后一个环节，可以结合录用标准做出相应的决策意见。

二、面试实施的技巧

面试有效与否，除了需要规范的管理流程，还需要考官掌握面试技巧。有效利用各种面试技巧，将大大提高面试的有效性和可靠性。具体的面试技巧可以从"提问""倾听""观察""记录""评分"五大方面入手。

（一）提问技巧

提问是面试实施过程中的核心技术，提问的目的是获取应聘者与应聘岗位匹配性的信息。结构化的面试试题事前已经设计好，形成了题本，可直接运用于面试过程中，但要有效地获取信息还需要考官的有效提问。主要的提问技巧一般有以下六种形式。

第一，提问应该是有组织、有计划的。考官在面试考场上，要充分考虑好提问的整体结构，做到既全面又重点深入，既灵活多样又有条不紊。做到这些，一方面需要事先设计和协商分工，另一方面需要考官之间在现场互相"关照""意会"。

第二，提问应遵照由易到难的原则。考官提问要循循善诱、由浅入深、由表及里、由简到繁、逐步深入，使面谈在融洽的气氛中进行，以避免应聘者因紧张而不能展示全面素质。

第三，话题数量要适度。在短短的几十分钟内，必须提问的话题本身就很多，有深有浅、有宽有窄，所以，要控制话题数量，保证最要紧的话题的回答时间，话题与话题之间要相互联系、层层递进。

第四，注意关联提问。考官要多问"为什么""究竟怎么样"，特别要抓住应聘者回答含糊、有意回避的地方，深究穷追，当然，也应注意不在枝节问题上纠缠，该止则止，更不要故意刁难应聘者。

第五，牢牢记住提问意图。每提一个问题，都要有针对性，有明确的测评意图。

第六，提问时要诚恳、友善、不卖弄、不欺侮人，切忌提侵犯应聘者隐私的问题。

（二）倾听技巧

面试中倾听的目的是有效地收集提问后应聘者反馈的信息，通过倾听来识别有效信息，为评价奠定基础。优秀的面试考官不仅是一个优秀的谈话者，同时还是一个优秀的倾听者，因为不论考官口才如何，若不懂得倾听，就很难采集到全面、客观、有效的信息。"听"，并非简单地用耳朵就行了，必须同时用心去体会理解，并积极地做出反应。因此，面试考官在面试的过程中除了有效地运用各种问题之外，还必须做一个好听众。为了做到积极有效地倾听，必须注意以下六点。

1. 积极地倾听

考官在面试过程中经常犯的一个最大错误就是讲得太多。事实上，在面试中，考官讲话的时间应该不超过30%。倾听时要仔细、认真，表情自然，不能不自然地俯视、斜视，或者盯着对方不动，以免给应聘者造成过大的心理压力，使其不能正常发挥。慎用一些带有倾向性的形体语言，如点头或者摇头，以免给应试者造成误导。

2. 客观地倾听

避免夸大、低估、添加、省略、抢先、滞后、分析和机械重复错误倾向等。作为一名面试考官，最忌讳的就是在面试的时候带有个人偏见，例如不喜欢应聘者的发型，或者觉得应聘者的观点和自己的理解不同等。这些个人偏见都会影响对所得信息进行加工，因此要抱着友善和体谅人的心情进行倾听，体现出对应聘者的关怀和启迪。

3. 反馈式倾听

如果考官一时没有听懂对方的话或有疑问，不妨提出一些富有启发性或有针对性的问题，这样不但使考官的思路更明确，对问题的了解更全面，而且让应聘者在心理上觉得考官听得很专心，对他的话很重视。

4. 思考着倾听

在应聘者讲话的时候，面试考官有足够的时间进行思考。比如可以将应聘者现在所说的话和前面所说的话相互联系起来等。此外，注意从应聘者的语调、音高、言辞等方面区分应聘者内在的素质水平，如讲话常用"嗯""啊"等间歇语的人往往自我感觉良好，要求他人对其地位给予重视。

5. 归纳性倾听

具备足够的敏感性，善于从应聘者的话语中挖掘出没有直接表达出的意思，善于听出与工作相关的信息。特别是有的应聘者语言表达能力不是很强，回答问题总是不能切中要害，这就更需要从其回答中提取出与问题有关的内容。

6. 总结性倾听

由于应聘者常常不能一次性地提供一个问题的全部答案，或者经常从一个问题跳到另一个问题，因此考官要想得到一个问题的完整信息，就必须善于对应聘者的回答进行总结和确认。通常，考官可以用重复或总结的方式对应聘者的回答进行确认。例如"刚才你讲到你的主要工作职责有三项：一是对公司的一些上传下达的文件进行管理，二是帮助总经理撰写一些文件，那么还有一项是什么?"

(三) 观察技巧

面试中观察的目的是在语言信息的基础上，结合对非语言信息的采集，来挖掘应聘者的内在反应，是语言信息的重要补充。面试过程中需要考官在很短的时间内迅速地、尽可能多地从应聘者身上获得所需的信息，并进行判断。因而，这种观察除具有一般性观察的特点外，还有其特殊性。一是较强的目的性。观察的目的就是更多地了解应聘者，进而为做出是否合格、能否任用的判断提供依据。二是可采用现代化的记录手段。比如录像、录音等手段，可以大大地帮助考官在面试过程中全面准确地观察应聘者，并为以后的分析工作提供有利条件。三是尽量有系统性。观察必须具有系统性，只有这样，才能排除由于偶然性获得的不能反映应聘者本质的材料，达到对应聘者的本质的真实认识。

倾听的内容主要是语言信息，观察的内容主要是非语言信息。非语言信息不仅能够起到补充作用，在某种程度上甚至能更真实地表现应聘者的内心。这里的非语言信息主要是指面部表情、身体动作和手势，以及说话中的停顿、语速、声调、声高和清晰程度等。从双方接触起，所有这些因素都会一同向面试考官发布信息。我们需要重视的不是手势、姿态本身有多么重大的意义，而是需要结合到具体环境中，这些手势和姿态表达了什么意义。

(四) 记录技巧

面试中记录的目的是有效记忆应聘者的表现，并为之后的评价提供直接的依据，也是进行应聘者之间比较的信息基础。考官可以在面试期间先记下关键词和想法，随后马上扩展笔记，能确保记住那些重要的事实。记录应遵循以下四个原则。

1. 避免主观性语言

避免使用主观性哪怕是赞赏性的语言是获得有效的面试后文献的重要前提。

换句话说，考官记下的所有评论都应当是客观的。例如说某位应聘者有魅力就是一种主观的描述；相反，记下"应聘者的外表与其在组织所担任的职位的形象相符"就很客观。

2. 避免记录无事实根据的意见

考官要注意不要记录与工作相关的没有充分事实依据的意见。孤零零的、没有具体根据的意见意味着考官虽然得出了某种结论，却没有找出支持这些结论的依据。

3. 做具体描述

在面试量很大的情况下可以采用此项技巧。见了那么多人之后，考官很难重新审阅每个人的申请表或简历，并将他们彼此区分开来。要解决这一问题，可考虑偶尔使用一下描述性语言，帮助考官回忆起那场具体的面试。

4. 为面试录音录像

有些考官觉得做记录涉及的问题太多，要花费不少时间，而将整个面试过程录下来要容易一些，这也有利于在对应聘者评价有争议时进行复核。

此外，要注意考官与应聘者之间不要靠得太近，以免记录时会使双方感到不便，防止应聘者看到或影响应聘者的注意力，可以考虑将记录纸前端稍立起与桌面成一定角度。

（五）评分技巧

面试中评分的目的是对面试采集的应聘者信息的梳理和认定，最终给出正确的评估意见。由于评分带有一定的主观性，因此，统一评分标准，提高评分技巧，对于客观评价应聘者尤为重要。这个过程要注意以下三方面。

1. 不要过快做出判断

有时考官会根据简历的材料对应聘者进行初步判断，并通过面试进一步了解应聘者，为了节约评分时间，有时甚至会在面试过程中就对应聘者完成评分。这样的操作过程由于信息采集不完整，影响评分的有效性。因此，遵循面试规则，按照面试流程进行评分，可以避免过快做出判断，使评分更加准确。

2. 不要受面试次序的干扰

接见应聘者的次序，也会影响面谈考官的评定结果。有一项研究发现：一位"中等"水平的应聘者在好几位"不理想"的应聘者之后进行面试，结果考官对他的评价大大高出他实际的水平。这就是受到面试次序影响的结果。

3. 评价标准把握要宽严适当

在面试实践中，因测评标准把握不当而形成的误差，在对所有应聘者的评分方面主要有三种表现：一是考官有"老好人"倾向，标准把握过宽，对所有应聘者的评定结论普遍偏高，出现宽大化倾向；二是标准把握过严，对所有应聘者的评定结论普遍偏低，出现严格化倾向；三是标准宽严不定，对所有应聘者的评定结论集中在中等，区分不出优劣，出现中间化倾向。在对单个应聘者的评定方面，由于把握标准失当造成的误差，主要是使用不当，如把"能力强"的评定为"一般"，把"一般"的评定为"强"，等等。

为了得出较为准确的评定结论，面试考官要注意以下各原则和方法。

（1）严格遵循"面试评分表"的要求。只有按照表中的规定来掌握，不任意增减、删除或变更要求，才能实现评价的一致性，确保评分的有效性。

（2）认真分析应聘者提供的信息。有些应聘者能言善辩；有些应聘者善察言观色，能博取考官欢心；有些应聘者则由于缺乏经验、自卑等，表现得很谦卑，不会给考官留下一个较好的第一印象。因此，面试考官只有在认真分析的基础上，才能去粗取精、去伪存真、由表及里地进行判断，得出正确的结论。

（3）依据要充分。考官掌握的应聘者信息越充足，评定结论的可信性就越大。只根据只言片语就下结论，是应该被禁止的。例如根据应聘者只说过一句"我当过销售部的经理"就得出"该应聘者有领导才能"的结论，就很危险、很不科学。因为有种种原因使他当上"经理"，并非当过经理就一定有领导才能。因此，对面试过程进行有效记录，依据记录比照评分标准进行评分，可以防止考官的主观偏差。

（4）独立自主评定。面试中，只有在不得已的情况下才能让一名考官主持。因为一人主持面试并做结论，使得因考官个人原因出现误差的可能性大大增加，而且难以及时纠正。所以，为了把因考官个人原因引起的误差降低到最小限度，对应聘者各个方面的情况做出更客观的判定，由数名面试考官组成"评价小组"是非常必要的。在小组中，各个考官应先独立自主地做出评定结论，然后进行集体讨论。

（5）比较综合。单个考官的评定，往往会存在偏差、局限。为了减少误差，力求客观准确，就要对各个考官独立自主做出的结论进行讨论比较，纠正不合理的，得出较为一致的准确结论。如去掉最高分、最低分的做法，就是一种剔除异常数字的综合处理方法。当然，比较的准则应该是"测评标准"，而不是某个权威者的评定结果。

第三节　面试记录评估与常见问题处理

一、面试记录与评估

（一）面试表格的设计

为了便于面试考官在面试中记录应聘者的相关情况，应该设计一份适宜的面试评价表格。面试表格可繁可简，取决于企业慎重的态度和面试评价的需要。一般情况下，一份完整的面试表格至少应包括以下六个部分。

1. 表头

表头一般由标题、编号、日期等构成。标题说明是某单位某方面人员或某方面素质的面试表。例如"××公司营销人员面试评价表""××公司竞聘演说评价表""××公司大学生面试评价表"等。编号是这类应聘者的序列号或档案管理号。有了表头，便于归类整理与查找。

2. 基本信息部分

这是反映应聘者基本信息的部分，一般情况下，包括应聘者的姓名、性别、年龄、所学专业、应聘岗位等。

3. 评价指标体系

评价指标体系是一组既相互独立又相关的并能较完整地反映应聘者岗位胜任特征的评价因素的集合。从定义中可以发现评价指标体系的三个重要含义。

（1）各个指标是独立的，即每个指标都有独立的内涵，与其他指标相互独立，不相互包含或包容。例如"战略管理能力""团队管理能力"和"自我意识"这三个指标是各自独立、互不包含的。

（2）各个指标是相关的，即所有指标对于评价对象来说，都是为了达到总体评价目的而必不可少的。例如"战略管理能力""团队管理能力"和"自我意识"对于评价营销经理而言是必不可少的。又如评价机械研发工程师的"绘图能力"和"识图能力"却不可用于评价营销经理。

（3）评价指标的集合是完整的，即所有评价指标汇合在一起要能够全面地评价拟聘岗位的需求者。例如评价营销经理，只评价"战略管理能力""团队管理能力"和"自我意识"这三个指标，而不评价"市场意识""领导技能"这样的指标，则评价指标体系是不完整的。指标体系的完整性是一个相对的概念，同样的一个拟聘岗位，不同的企业、不同的领导、不同的考官对其评价所须采用的指标体系会有不同的看法。

4. 评价标准

评价标准是对各个评价指标进行程度、性质等划分的尺度，是为了在某个指标上将不同应聘者的能力、素质水平区别开来的一种参照物。标准一般可以用定义、量词、等级、数量的方式来表示，也可以是上述某两种或两种以上方式的综合。下面以"战略管理能力"为例说明。

（1）定义式标准。用定义式标准将"战略管理能力"由强到弱定义为："具有很强的风险意识和洞察力，善于对全局性和前瞻性问题深入分析，做出决策，并提出可行性方案""能够洞察公司内外部条件的变化，进行理性思考，采取有针对性的措施""能够对全局性问题进行深入分析，做出决策""风险意识较差，不具备敏锐的洞察力，目光较短浅"。

（2）量词式标准。用量词式标准可将"战略管理能力"由强到弱表述为："很强""较强""较差""差"。

（3）等级式标准。用等级式标准可将"战略管理能力"由强到弱表述为："优""良""中""差"，或"甲""乙""丙""丁"，或"A""B""C""D"。

（4）数量式标准。用数量式标准可将"战略管理能力"由强到弱表述为："4""3""2""1"，或"10~8""7~6""5~4""3~1"。

5. 指标权重

指标权重是指该指标在所有指标中相对重要程度。采用指标权重是为了将所有评价指标的重要性程度区别开来，也是为了将所有指标综合起来进行整体性的比较。例如对于营销经理而言，"市场意识"指标比"战略管理能力"指标重要；对于一般主管而言，"领导技能"指标比"专业技能"指标次要些。

总之，权重是要将若干个评价指标分出轻重来，一组评价指标相对应的权重组成了权重体系。任何一组权重体系必须满足两个条件：一是每个指标的权重应该大于零小于1，二是所有指标的权重之和为1。

6. 面试评语

面试评价表中除了有评分项目以外，还必须设置考官评语项。因为，一个简单的分数不能详细说明应聘者的优点与缺点，而评语能够将面试考官对应聘者的某些特点描述出来，也能反映考官的价值判断信息，对于能够录用的候选人，此评语还能提供针对性较强的管理参考。

（二）面试信息的记录与收集

在面试过程中，面试考官不仅要仔细倾听、认真观察，还要适当地做出记录。因为人的记忆能力是有限的，尤其是当一天中面试很多人的时候，或者一次面试几个人的时候。这种情况下，如果面试时没有记录下一些观察到的重要信息，待到事后再来填写面试评价表，就很难准确地把握面试对象提供的信息，也就很难做出客观准确的判断，所以一定要做好记录。

为了便于记录和做好记录，需要注意以下五点。

第一，应聘者与考官的空间距离不能太近，在这种情况下记录会使双方感到紧张。

第二，做记录时为了不让应聘者看到或影响应聘者的注意力，最好准备一个夹子，将其稍微立起，与桌面成一定的角度。

第三，做记录时，考官不必将应聘者的每句话、每个表情或动作都记录下来，只记录一些关键性的回答中的要点和关键非语言行为中的要点。

第四，若是集体面试，则面试评价表的打分可以在一位应聘者快被面试完时用画钩的方式或填写分数的方式完成，对应聘者的评语则在面试进行中通过简单符号、标记的方式在面试评价表或其他专用纸上完成，一组面试后逐个填写好；若是单独面试，则面试考官可以在面试进行中用简单符号、标记对应聘者写评语，在面试完成后完成面试评价表的打分和详细评语。

第五，做记录时，尤其是给应聘者打分时，各位考官之间不要相互影响。

面试组织者（一般是人力资源部人员）应该及时将各位面试考官填写好的面试评价表收集起来，一般都是在一个（单独面试）或一组（集体面试）应聘者面试完成后，待面试考官填写好面试评价表，就将其统一收集起来。

（三）面试的综合评估

对于有多个面试考官评价的情形，必须将这些信息汇总，进行综合评估。其具体操作程序与方法如下：

第一，制定面试综合评估表。表中常见的栏目包括编号、应聘者姓名、性别、年龄、应聘岗位、面试考官姓名、评价指标、指标平均分、面试总分、主考官评语、主考官签字等。

第二，将收集起来的面试评价表，当场核算各位考官的评分，将各位面试考官评出的每一个指标得分，扣除一个最高分和一个最低分，其余的分数相加并除以有效面试考官人数（减去 2 的人数），得到指标平均得分，最后将所有指标的平均分相加，即为面试总分。核算分数时，要有 1~2 人在场监督。

第三，主考官根据各位面试考官在面试评价表中的评语，集体讨论，得出总评语，填入面试综合评估表中的"主考官评语"栏中。

第四，在每份面试综合评估表后，附上各位面试考官的面试评价表，以备查阅。

二、面试工作中常见的问题及对策

面试是各类单位最常用的，也是必不可少的测试手段，但是有时花费了大量时间和精力的面试过程，其效果并不令人满意。很多时候，适合的应聘者被打发走了，而那些还需要考查的应聘者却很快就来上班了。很显然，无效的面试不仅浪费有限的人力、物力和财力，而且会因选择不当带来诸多不良影响，如低绩效、高离职率等。因此，一定要尽可能提高面试的有效性和可靠性。

发现问题比解决问题更难、更重要，所以我们一定要尽量发现面试中可能存在的问题，然后采取必要的对策。在面试中常见的问题主要有七方面。

一是面试目的不明确。在进行面试前，面试考官应考虑：在面试的过程中，我要达到什么目的？我要向应聘者介绍我们单位吗？面试的重点是否放在考查技能水平上？要不要先向应聘者介绍一下工作岗位的真实情况？允许应聘者在这段时间里提问吗？其他面试考官会问些什么问题呢？……这些都是很重要的问题，不要面试开始时才考虑它们。

二是不清楚合格者应具备的条件。许多主持面试的人把重点放在问一些能使他们洞悉应聘者是否能够成功的问题。可是在很多情况下，对于究竟是什么原因能使他们获得成功并不明确。对于任何一个岗位来说，应聘者应具备的才能指的是胜任工作的才能，这些才能指的是工作成功所必需的相关知识、技能、能力和动力等范畴。

三是面试缺乏系统性。面试的系统性要求设计出结构完整的面试流程，各个流程之间密切联系。为了保持面试的系统性，面试考官应事先根据拟招聘岗位的要求制定出完善的面试提纲。面试的流程应该有怎样的顺序，每一个步骤要完成什么工作，获取什么信息，在制定面试提纲时都应该考虑到。这样就能避免一系列不应该发生而现实中又经常发生的现象，如面试试题的保密措施不严、应聘者的面试顺序任意指定、应聘者的面试题目难度不同、应聘者的面试时间长短不一等。

四是面试问题设计不合理。面试中，直接让应聘者描述自己的能力、特点、个性的问题提得较多，这种类型的问题的答案难以为面试考官提供有价值的信息，因为面试考官无从判断应聘者的回答是否真实。如果问了这种类型的问题，应该继续问一些行为性问题，让应聘者举出一些具体的实例来证明自己的答案。如果应聘者讲不出来，或含糊其词、前后矛盾，那么他所讲出的自己的优点就要大打折扣。

五是面试评价的主观随意性。面试评价是由考官根据应聘者在面试中的表现给出的，所以面试评价从客观上讲一定会受考官主观因素的影响，在实践中我们总是力求控制这种主观影响，使面试评价比较客观公正。但在现实招聘和选拔中，我们经常会看到有的考官在面试评价时主观随意，因为考官在面试中没做记录或很少做记录，所以只能看谁顺眼就给谁打高分，或者谁的观点合乎自己的胃口就给谁打高分，这都是不可取的。这样做的结果，不论是对于考官自己所在的单位，还是应聘者来说都是不利的。作为一名考官，首先在思想意识上要有为组织负责、为全体应试者负责的观念，这样才可能认真地对每一位应聘者进行评价，这也是组织和应聘者对面试考官的期望与要求。

六是忽略应聘者的求职动机。有的面试考官将大量的精力放在测试应聘者的专业知识和专业技能上，而忽视了应聘者的求职动机。如果应聘者对所应聘的工作持消极的态度，或者他对工作本身没有任何兴趣（仅仅是为了获得临时性的保障而工作），这种求职动机必然会影响到工作，甚至会带来严重的负面影响。所以，面试考官在面试中一定要注意分析应聘者的求职动机。

七是面试考官的偏见。每一个面试考官，个人的偏爱和过去的经历常常对面试有很大的影响，如个人喜好、信仰、好恶等与工作无关的因素，会在一定程度上影响他去正确挑选应聘者。①第一印象：也称首因效应，即面试考官根据开始几分钟甚至是面试前从资料（如笔试、个人简历等）中得到的印象对应聘者做出评价。②对比效应：面试考官相对于前一个接受面试的应聘者来评价目前正在接受面试的应聘者的倾向。如第一个应聘者的表现一般，而第二个应聘者表现出色，则第二个应聘者得到的评价可能会比他本应得到的评价更高。③晕轮效应："以点带面"，从某一优点或缺陷出发去评价应聘者其他方面。例如过分强调应聘者的不利因素，以致不能全面了解这个人。④录用压力：当上级对招聘结果有定额要求时，面试考官对应聘者的评价就会偏高，或由于招聘时间紧迫，为完成招聘任务，不得不加快速度，急于求成。

消除上述面试中常见的问题，提高面试效果的方法是：对面试考官进行培训，并尽可能在面试前做好准备，采用结构完整的面试。

第六章 人才招募策略之录用管理与评估

第一节 录用决策与录用实施分析

当对应聘者进行了各种甄选后，进行员工录用并安排到相应的岗位上，体现了招聘的目的和成果。员工录用是指对经过招聘甄选阶段的应聘者，做出最终录用决定，通知他们报到及办理就职手续，并通过试用期考核完成正式录用的过程。

一、录用决策

录用决策是指依据科学严谨的评估方法，对职位需求与应聘者资质进行系统性的权衡与匹配，旨在达成人员与岗位之间的最佳适配状态，即人适其岗、岗得其人的合理配置过程。该决策的成功实施对于招聘活动具有至关重要的影响，一旦决策失误，可能导致整个招聘工作的失败，不仅给组织带来重大的经济损失，还可能阻碍组织的发展进程。录用决策的有效性，关键在于录用标准的合理性、决策流程的规范性及决策方法的科学性。

人员录用标准主要分为两类：一是基于岗位的录用标准，即根据岗位的具体要求选择最为合适的人员；二是基于人员的录用标准，即将人员配置到最能发挥其才能的岗位上，以实现人才的充分利用。这两种标准均可实现局部的最优化配置，但实践中往往将二者结合使用，相互补充，以期提升组织的整体资源配置效率。

（一）录用决策流程

招聘甄选工作结束后，就进入录用决策阶段。一般而言，这个决策也常是最难做出的，特别是决定一个对组织发展相当关键的职位的应聘者时，组织常常会在几个脱颖而出的应聘者中难以取舍。

在录用决策阶段，往往脱颖而出的几个应聘者使组织难以取舍，此时最好是回到工作分析阶段，重温工作分析，看看该职位究竟需要怎样的人，从应聘者中挑选出两三个人。但工作分析不应该成为唯一的标准，灵活性是成功录用决策的关键。完全符合职位标准的人要么不存在，要么在这个职位上不可能待得太长。一般来说，最好选择一个能够完成工作任务 80% 的应聘者，这样的员工会在岗位上待更长的时间，而且有更好的工作动机和更大的工作动力。

（二）录用决策方法

组织的需要及拟聘的职位各不相同，因此录用决策的程序会有很大的差别。

在进行决策时，一般有两种选择：一是在应聘者之间进行选择，二是在应聘者与招聘标准之间进行比较再选择。当应聘者中没有人能够符合要求时，也有两种选择：一是重新招聘，二是在原来的招聘中重新进行选择。

1. 根据决策周期的安排进行分类

人员的录用决策根据决策周期的安排可分为过关淘汰式、汇总评估式及混合式。过关淘汰式是指组织在甄选过程中，在每一甄选测试环节都设置一定的淘汰率——应聘者只有通过上一关才能进入下一关，只有通过组织设置的层层关口，才能参加最后一轮的录用选拔。汇总评估式是指组织在甄选过程中不设置最低的淘汰标准，所有应聘者都参加甄选，最后由组织根据应聘者在各项考查项目上的得分及项目的权重做出录用决策。混合式是组织根据实际情况，对某一轮甄选采用过关淘汰式，而对另外几轮甄选采用汇总评估式。一般而言，采用混合式来决策的组织要多一些。

2. 根据决策过程的实施进行分类

人员的录用决策根据决策过程的实施可分为单轮测试决策和汇总评估决策两种。

（1）单轮测试决策。

单轮测试决策常用于简历、知识、技能的单轮选拔比较容易得出一致意见的甄选中。因为在这样的甄选中标准是量化的，只要确定出一个分数段或等级，就可以完成。而对于潜在的胜任特征的评价则往往会因为评价者的不同而有一定的差异。虽然结构化的面试与评估及统一培训考官会在一定程度上弥补这方面的缺陷，但由于考官的阅历、看问题的角度、关注点等不同，有时评价意见仍然无法一致。对于单轮评价，通常有以下两种做法。

第一，考官根据面试及测试记录，每人说出自己对应聘者关于有关考查要素的看法和依据，但不提出结论。当所有考官发表完看法后，每人单独做出结论。如果一些评价项目标准以符号或字母表示，则需要进行分数或等级的转化。

第二，考官先单独发表看法后再每人单独做出结论。根据评价人数，如果是三四名考官，则其中有一人不同意进入下一轮，即可一票否决；如果评价人数在5~8名，则实行两票否决制。具体标准根据拟招聘职位的重要程度、特点可以有所不同。

（2）汇总评估决策。

汇总评估决策即在对应聘者的各轮测试成绩以一定的方式汇总后，将应聘者进行总的排序，然后做出决策的方法。汇总评估决策一般有如下两种方式：①以岗位为标准，列出岗位最适合的人选；②以人为标准，列出岗位适当人选。当上述两项标准一致或基本一致时，就可按照排序的结果做出相应录用决策。

当招聘单位岗位比较多，应聘者之间经历、学识等没有大的差异时，可以采用这种方法，并且这种方法尤其适合校园招聘。

（三）录用决策注意事项

1. 明确决策主体

决策主体是最后决定录用的人或机构，一般的原则是谁用人，谁拥有决定权，即"谁用人谁决策"。对于一般基层人员，由用人部门主管或人力资源部主管单独决定即可；而对于管理人员，尤其是关键岗位，可由用人部门提出，报总经理或董事会批准。

2. 尽量减少做出录用决策的人员

在决定录用人选时，必须坚持少而精的原则，选择那些直接负责考查应聘者工作表现的人，以及那些会与应聘者共事的人进行决策。如果参与的人太多，会增加录用决策的困难，造成争论不休或浪费时间和精力的局面。

3. 录用标准要恰到好处

录用标准不可太高，也不可太低，要恰到好处。标准设定得过高，会导致"地板效应"的出现，即能够通过录用的人寥寥无几，使组织在招聘方面的投入得不偿失，也就失去了招聘的意义；如果太低，则会出现"天花板效应"，即通过录用的人员很多，从而增大了组织在招聘方面的成本支出。

4. 尽快做出决定

目前，人才竞争是十分激烈的，优秀的应聘者更是非常抢手，因此，必须在确保决策质量的前提下，尽快做出录用决策，否则，就很有可能使即将到手的人才从指缝中溜走。

做出录用决定之后，要对新员工进行一些简单的接待，这对减少或消除新员工的陌生感发挥着重要作用。新员工刚到组织时的所见所闻及对工作环境的实际感觉，会巩固或动摇新员工关于选择该组织的决定是否正确的信心。在接待阶段，组织应让员工感到"宾至如归"，同时使他们产生被认同感与被重视感。

5. 留有备选人员

招聘实践中，经过层层甄选、面试，常会发现一些条件不错且适合组织需要的人才，但是由于岗位编制、组织阶段发展计划等因素限制而无法现时录用，却可能在将来某个时期需要这方面的人才，此时，建立人才信息储备就显得很有必要。作为招聘部门，应将这类人才的信息纳入组织的人才信息库，包括个人资料、面试小组意见、评价等，不定期地与之保持联系，一旦将来出现岗位空缺或组织发展需要即可招人，这既提高了招聘速度也降低了招聘成本。

一般而言，组织的人才储备通常分为内储和外储两种。内储就是暂时把预留人才储存在组织内部，这会带来一些成本问题，比如发放薪水、如何安置，尤其是关键部门的关键岗位的人才。通常大多数组织还是不愿意在没有项目的情况下大量储备人员，只有经济实力雄厚的大公司才会选择这样做，以便在上项目的时候可以及时补充人员。外储包括与外面的人才市场、猎头公司及在职人员等多方面联系，关键是要清楚组织需要的人才在哪里、能否迅速到位。当然，内储和外储这两种方式同时使用效果最好。

二、录用实施

(一) 通知应聘者

通知应聘者是录用工作的一个重要部分。通知一般有两种：一种是录用通知，一种是辞谢通知。此外，还需要特别考虑拒聘情况的处理。

1. 录用通知

在通知被录用者时，最重要的原则是及时，有许多机会都是由于在决定录用后没有及时通知应聘者而失去了。因此，录用决策一旦做出，就应该立即通知被录用者。

在录用通知书中，应该说清楚报到的起止时间、报到的地点、报到的程序等内容，在附录中详细讲述如何抵达报到的地点和其他应该说明的信息。当然也不要忘记欢迎新员工加入组织。

在录用通知书中，要让被录用的人员了解他们的到来对于组织发展的重要意义。应该说这是组织吸引人才的一种手段，表明组织对人才的尊重。另外还要注意，对被录用的人员要一视同仁，以相同的方式通知被录用者，一般以信函的方式为佳。

2. 辞谢通知

一些组织以工作太忙为由，对于未被录用的应聘者不予回应。其实，就组织品牌而言，这是一个不小的伤害。真正以人为本的组织，不会粗暴地对待任何一位哪怕是与组织要求相差甚远的求职者。向落选者发出辞谢通知，感谢其对组织的关注，是招聘流程中一个不可缺少的环节。

3. 拒聘

无论组织如何努力吸引人才，都可能会发生接到录用通知的人不能来组织报到的情况。对于那些组织看重的优秀应聘者，这种情况是组织不期望发生的事情。这时，组织的人力资源部甚至最高层主管应该主动去电话询问，并表示积极的争取态度。如果应聘者提出需要更多的报酬，就应该与其进一步谈判。因此，在打电话之前，对于组织在这方面还能有什么妥协，最好有所准备。如果在招聘活动中，组织被许多应聘者拒聘，从中也可获得一些有用的信息。

（二）办理入职手续

1. 员工入职的条件

当一名应聘者经过层层选拔被录用之后，正式进入该单位工作，这就是入职程序。一般来说，一个人在经过选拔评价各项胜任力都符合职位和组织的要求之后，是否能够正式进入该组织工作，还需要具有以下三方面的条件。

（1）从原雇主处辞职。一名员工要想接受一家新组织的雇用，通常来讲，必须从原雇主处辞职，与原雇主解除劳动合同。

（2）将人事档案转移到组织指定的档案管理机构。有的组织有自己的档案管理部门，有的组织的人事档案管理是委托专业机构来进行的。无论采取哪种形式，新雇用员工的人事档案都应该转入组织统一的档案管理机构。

（3）体检合格。大多数雇主都会要求新雇用的员工参加身体检查，确保身体条件符合所从事工作的要求。

2. 协商薪酬

在做出初步录用决策后，组织要与应聘者讨论薪酬的有关问题。

当应聘者对要加盟的组织或行业的薪酬情况不了解或不熟悉地域方面的差异时，应聘者可能会提出高于或低于组织上下限的20%，若低于组织下限的20%，薪酬谈判会皆大欢喜。但组织还是应给应聘者强烈的信息，暗示只要其真正展现出工作实力和热情，在薪酬方面会有较大的上升空间；若应聘者的薪酬要求不是由于行业或地域方面的原因，则很可能是其在工作或者其他方面受到过挫折，此时谈判者不要当即答应，而应尽可能多地收集信息，了解其真实原因，以免出现用人风险。

若应聘者的薪酬要求高于20%，一方面可能是对地域、行业、组织的薪酬情况不够了解，另一方面可能是对自己的能力有过高的估计，再有就是一些具有欧美文化背景的应聘者，其个性往往较为张扬，对此组织应仔细筹划、提供相关资料，并给予其一定时间去进行了解和思考。如果没有价值观、工作动机等方面的差异，组织的努力也很可能会得到皆大欢喜的结果。

当应聘者提出的薪酬要求略高于组织薪酬预算时，可以做如下一些尝试：

（1）描绘愿景目标。越是优秀的人才，越是看中工作乃至事业的意义。组织所处行业的前景如何？组织的愿景是什么？组织的目标将会怎样？这些因素对于成就动机强烈的人员，其吸引力是不可低估的。

（2）展示发展机会。详细展示组织的工作价值、学习机会、提升机会、团队氛围、挑战性、未来发展、品牌效应等，与应聘者的现有环境进行比较，引导其看到个人发展的增值。

（3）明确未来增长。详细介绍组织的经营情况、组织薪酬调整的频率或幅度、组织的各项福利等，引导其看到未来薪酬的增长空间。

（4）突击反向。此法需要分辨应聘者的具体情况慎重使用。暗示应聘者如果薪酬要求过高，也许会使组织重新权衡。

（5）引经据典说服。举例说明组织薪酬在现有市场的竞争力，说明有哪些人到组织后个人得到了发展，组织薪酬在目前市场上所处的水平、下一步的趋势，并明确提出组织薪酬并非组织所提供的价值的全部。

（6）善于转换方式。表明组织看重的是员工的真正实力，应聘者在证明自己的实力之前，组织承担着一定的风险。探明应聘者的心理底线，如果工资要求无法满足，看是否可以采用"固定+浮动"的方式灵活发放，这样也可以为组织降低用人风险。

（7）建立情感基础。坦诚表达对应聘者的欣赏与肯定，真诚的欣赏与需要比技巧更能打动应聘者。

（8）保留"还价"余地。到了这一步，就要让应聘者亮出底牌，询问其能接受的薪酬水平。在这一环节要取得应聘者明确的答复，是否这样的薪酬标准他就一定能接受。在得到肯定答复后，应当表示会尽力争取组织的破格（在不超过预算的前提下）。这样既可以有效地阻止应聘者的再次讨价还价，还可以使组织仍旧保留还价的主动权。

（三）签订劳动合同

劳动合同是劳动者与用人单位为了确定劳动关系，明确双方责任、权利和义务的协议，是组织与员工之间双方合法利益的保障，是预防和处理劳动纠纷的前提。

劳动法规定，劳动合同应当以书面形式签订，这在法律上明确了劳动合同的形式必须采用书面形式订立。

在签订劳动合同之前，人力资源部必须查看新员工《与原单位解除劳动关系证明》，以防引起劳动关系纠纷。

1. 签订时间要求

劳动合同限定一般在自用工之日起一个月内签订。如果组织书面通知后，员工不与组织订立书面劳动合同的，应当书面通知其终止劳动关系，无须向其支付经济补偿，但是应当依法向其支付其实际工作时间的劳动报酬。

2. 劳动合同内容要求

劳动合同应当具备以下条款：①用人单位的名称、住所和法定代表人或者主要负责人；②劳动者的姓名、住址和居民身份证或者其他有效身份证件号码；③劳动合同期限；④工作内容和工作地点；⑤工作时间和休息休假；⑥劳动报酬；⑦社会保险；⑧劳动保护、劳动条件和职业危害防护；⑨法律、法规规定应当纳入劳动合同的其他事项。

劳动合同除前款规定的必备条款外，用人单位与劳动者可以约定试用期、培训、保守秘密、补充保险和福利待遇等其他事项。

3. 无效劳动合同说明

如果劳动合同属于下述三种情形之一的，属于无效或者部分无效的劳动合同：①以欺诈、胁迫的手段或者乘人之危，使对方在违背真实意思的情况下订立或者变更劳动合同的；②用人单位免除自己的法定责任、排除劳动者的权利的；③违反法律、行政法规强制性规定的。

劳动合同的无效或者部分无效，由劳动争议仲裁机构或者人民法院确认。无效的劳动合同，从订立的时候起就没有法律约束力，不受国家法律的承认和保护。对于劳动合同被确认无效的，其法律后果有两种。第一，根据劳动合同法的规定，劳动合同被确认无效，劳动者已付出劳动的，用人单位应当向劳动者支付劳动报酬。劳动报酬的数额，参考用人单位同类岗位劳动者的劳动报酬确定；用人单位无同类岗位的，按照本单位上年职工平均工资确定。第二，无效劳动合同是由劳动合同当事人一方或者双方的过错造成的。法律上的过错是指法律关系主体在主观上有违法错误，包括故意违法和过失违法。过错可能是一方的，也可能是双方的，它是由当事人的主观原因造成的后果，因此，对于无效的劳动合同，在确认其无效的同时，如给对方造成损害的，有过错的一方应当承担赔偿责任。

4. 解除劳动关系的说明

劳动者有下列情形之一的，用人单位可以解除劳动合同：①在试用期间被证明不符合录用条件的；②严重违反用人单位的规章制度的；③严重失职，营私舞弊，给用人单位的利益造成重大损害的；④劳动者同时与其他用人单位建立劳动关系，对完成本单位的工作任务造成严重影响，或者经用人单位提出，拒不改正的；⑤以欺诈、胁迫的手段或者乘人之危，使对方在违背真实意思的情况下订立或者变更劳动合同导致的劳动合同无效的；⑥被依法追究刑事责任的。

有下列情形之一的，用人单位在提前30日以书面形式通知劳动者本人或者额外支付劳动者一个月工资后，可以解除劳动合同：①劳动者患病或者非因工负伤，在规定的医疗期满后不能从事原工作也不能从事由用人单位另行安排的工作的；②劳动者不能胜任工作，经过培训或者调整工作岗位，仍不能胜任工作的；③劳动合同订立时所依据的客观情况发生重大变化，致使劳动合同无法履行，经用人单位与劳动者协商，未能就变更劳动合同内容达成协议的。

(四) 试用期管理

组织的试用期管理的目的是确保所招聘录用的员工可以满足组织的需要，并在发现招聘的员工不符合岗位要求时能依法与其解除劳动合同。

《中华人民共和国劳动合同法》明确了试用期限、试用次数、试用期工资和试用期解除劳动合同等规定。同时为了防止有些用人单位滥用试用期，《中华人民共和国劳动合同法》规定：劳动合同期限 3 个月以上不满 1 年的，试用期不得超过 1 个月；劳动合同期限 1 年以上不满 3 年的，试用期不得超过 2 个月；3 年以上固定期限和无固定期限的劳动合同，试用期不得超过 6 个月。同一用人单位与同一劳动者只能约定一次试用期。以完成一定工作任务为期限的劳动合同或者劳动合同期限不满 3 个月的，不得约定试用期。试用期包含在劳动合同期限内。

用人单位违反劳动合同法规定与劳动者约定试用期的，由劳动行政部门责令改正，违法约定的试用期已经履行的，由用人单位以劳动者月工资为标准，按已经履行的试用期的期限向劳动者支付赔偿金。劳动合同仅约定试用期或者劳动合同期限与试用期相同的，试用期不成立，该期限为劳动合同期限。

试用期管理中，人力资源部门要让员工明确试用期的具体工作内容和考核要求，安置其至相应的工作岗位，安排其部门直接领导分配其具体工作，进行日常管理，并在过程中进行工作记录，以便为试用期考核提供依据。

要注意的是，组织在员工试用期内的工资不得低于本组织相同岗位最低档工资或者劳动合同约定工资的 80%，并且工资不得低于组织所在地的最低工资标准。

（五）正式录用

员工的正式录用即"转正"，是指试用期满且考核合格的员工正式成为组织员工的过程。员工能否被正式录用，关键在于人力资源部门和用人部门对其试用期工作考核的结果。一般正式录用包括以下四个步骤。

第一，试用期员工填写转正申请表，提出转正申请。

第二，人力资源部对员工试用期的考核结果进行汇总和审核。

第三，比照考核要求，根据考核要求确定试用期合格与否。

第四，合格者办理转正手续，正式录用并明确员工待遇，建立员工档案。

第二节　新员工培训工作及效率提高

一、新员工培训工作

新员工通过录用并到组织报到以后，需要在工作前进行一定的培训。我们称这种培训为岗前培训或岗位适应性培训，也有人称之为职前培训。这种培训在各类组织中非常普遍，有的组织对新员工的培训甚至长达半年至一年。

培训的目的在于将组织录用的人员由社会人转变为组织人。具体来说，就是通过培训让新员工熟悉组织发展历史、现状乃至未来的前景，了解组织文化、规章制度和工作纪律，学习岗位所需的新技能或新知识，并在培训中转变员工不适应组织发展的心理观念和生活习惯，使其融入组织整体环境之中。无论是有工作经验的人员还是刚跨出学校的毕业生，都要在上岗前接受这种培训。

（一）新员工培训的内容

新员工岗前培训涉及的内容较多。一般情况下，培训由组织高层管理者、培训部门及新员工即将工作的部门共同实施。

高层管理者主要是向新员工致欢迎词、简单介绍组织情况并提出要求和期望，也可以通过一定的活动加深新员工的第一印象，为其逐步融入组织打好基础。培训部门则是向新员工传递组织概况、政策制度等方面的具体信息，带领其熟悉组织环境，并负责专业技能的培训。部门主管主要是负责向新员工介绍本部门的职能情况、岗位责任等，并进行相关技能培训。

一般情况下，新员工岗前培训主要包括以下九方面内容。

1. 组织文化与规章制度培训

组织文化表现为有形文化与无形文化两种形式，其中价值观是组织文化之核心。在进行组织文化培训时，首先是无形文化的培训，如组织的经营理念、组织精神、价值观等。每个组织的经营理念都是不相同的，有的组织认为"酒香不怕巷子深"，忽略宣传广告的作用，重视产品的质量；有的组织认为"宣传最重要"，宣传能达到家喻户晓的效果，因此，组织在广告宣传上十分舍得花钱。所以，应在新员工进入组织时把本组织正确的经营理念传授给员工，让员工主动与组织协调工作。营造良好的组织文化环境对组织长期发展是非常重要的。其次应注重有形文化的培训，如组织规章制度的培训。

一般来说，组织规章制度的培训采取课堂学习或培训者具体介绍的方式进行。培训部门要将组织的规章制度印制成内部刊物、员工手册或规章制度手册形式，发放给每一个员工，培训期间还需要专门安排一次时间进行介绍。

2. 组织的地理位置和工作环境

对于刚到组织的新员工，周围的一切都是陌生的。及时让新员工了解自己即将身处其中的环境，消除陌生感，这是新员工培训的一项主要内容。组织环境包括组织的自然环境、工作环境、人文环境三个主要方面。

组织自然环境是指组织内部及附近的场景，如组织内各部门办公室、就餐食堂、休息室、会议室，附近银行、紧急出口、交通站点等。

工作环境是指新员工即将进入的部门或车间的办公设施、厂房布置、生产设备、生产工具等环境。

人文环境是指由组织内部上下级之间的交流方式、员工之间的合作方式、与其他员工交往所保持的态度、员工的爱好活动等构成的人文系统。这对新员工以后的工作和生活将有很大影响。

熟悉组织环境主要采取参观的方法，在培训期间利用一天或半天时间由培训部门人员带领新员工在组织内参观介绍。

3. 组织的发展历史和阶段性的英雄人物

每个组织在创建之初都饱经苦难，每个组织的发展史均和几个阶段性的标志人物紧密连在一起，他们都是组织的英雄人物。组织的发展缺不了创业经营的传奇人物和重大事件，把这些编成故事，讲给新员工听，可以使他们更热爱自己的组织，更有归属感，也表现出组织对员工所具备品质的要求，使员工在一定程度上对组织产生感情，建立忠诚感。

4. 组织的产品和服务

让新员工了解组织产品的名称、性能、原材料及其来源、产品生产的流程、产品的售后服务等。有些组织的"产品"就是服务，如旅游业。旅游业的新员工必须了解组织售出的"服务"包含的内容、服务的性质、服务的对象、服务质量的保证及服务错误的纠正等。

5. 组织的品牌地位和市场占有率

当新员工充分了解了组织的客户及组织的市场竞争状况时，会有效激发新员工的危机感和使命感。

6. 组织的组织结构及主要领导

对于组织的组织结构、职能部门、上下级间的汇报关系、高层管理者的职责及分工，新员工都是急于了解的。因此，一张组织结构图及主要领导的名录和联系方式、员工的合理化建议的专设信箱、员工与总经理对话渠道的获得及机会等都应告知新员工。

7. 组织的战略和组织的发展前景

组织现时的战略定位和组织战略的发展阶段、发展目标、发展前景也是新员工十分关心的问题，因为只有组织发展了，才能给个体带来发展空间，也才能激发新员工内在的工作热情和创造激情，激励新员工为组织奉献自己的智慧和才干。

8. 岗位知识及技能培训

新员工在上岗前要了解岗位知识、掌握工作所需的工作技能，只有在岗位技能培训合格以后，新员工才能正式上岗。

新员工的岗位知识培训包括职位说明和职业必备两方面。职位说明就是要向新员工描述出恰当的工作行为，并做出示范，制定日程安排，并在规定的时间内让新员工掌握工作方法和工作技能，要回答新员工提出的问题并给予必要的指导。对于绩效考核、晋职、加薪等规定在这里也要详细加以说明。每一位员工必须获得自己所在岗位的科学规范的工作说明书并熟悉它。职业必备是指员工应掌握的具体工作中的同事联络、上司的管理风格、必要的保密要求、组织中的一些"行话"等。

岗位技能培训包括新员工岗位的工作标准及操作要求、产品判定、与上下游流程的关系及对他人的影响等。

9. 团队协作与团队建设

团队是组织运行的基本单位。系统理论认为，具有良好合作精神的团队的效率应大于单个团队队员效率的总和。所以，团队协作和团队建设是新员工培训的重要内容。

(二) 新员工适应性培训的方法

1. 演示法

演示法是运用一定的实物和教具，通过实地示范，使受训者明白某项任务是怎么完成的。要求是：示范前准备好所有的用具，搁置整齐；让每个受训者都能看清示范物；示范完毕，让每个受训者试一试；对每个受训者的试做给予即时的反馈。

2. 角色扮演法

在角色扮演中，要求参加者对他们实际工作中可能遇到的具体问题做出反应。他们不是通过听说如何处理一个问题，甚至也不是讨论如何处理问题，而是通过实际去做来进行学习。角色扮演通常被用于管理人才开发中，它可以有效地应用于面试、申诉处理、工作绩效评价、会议领导、工作小组问题解决、有效交流及领导模式分析等诸方面的培训中。

3. 课堂教学法

课堂教学对于某些类型员工的培训是有效的，它的一个最大优点是教学可以在相对较短的时间内传递大量信息。

4. 实习法

实习既是一种招聘方法，也是一种有效的培训方法。从用人单位看，实习提供了观察一位员工潜在的长期工作情况的极好方法。实习对大学生也有好处，他们通过工作获得经验，能将课堂上学到的知识与管理实践结合起来。与此同时，实习者的经验会帮助他们确定某类组织和工作是否适合他们。

5. 训练及辅导法

训练是一种由经理进行的一对一教学的在职管理人才开发方式。为了这一目的，有些组织设立了岗位助理，被安排在这种岗位上的人会成为其上级的未来接替者。下属除了有机会观察外，还会被分配一些需要决策能力的重要任务。为做好这项工作，作为训练顾问的经理必须对有关工作及其与组织目标间的关系有全面的了解。管理者及其下属间的关系，应建立在彼此信赖和信任的基础上，这样才能保证这一方法的有效性。

辅导是接受培训者以一对一的方式向经验丰富的员工学习的一种在职管理人才开发的方法。辅导者通常是年长且有经验的经理，他以主人、朋友、知己和顾问的身份对新员工进行辅导，辅导者可以是组织中任何职位的人。

6. 小组讨论法

小组讨论的形式能对某一题目进行深入的分析和讨论，是常用的培训方法。

7. 模拟法

模拟是针对真实情况构造复杂程度可变的培训模型，其范围从简单的机械装置的纸模型到组织整个环境的计算机模拟都有。人力资源开发专家还可以使用收款机、汽车及飞机等模拟装置。虽然模拟培训在某些方面的价值不如在职培训，但它也有自己的优点。

8. 学徒培训法

学徒培训是将课堂教学与在职培训结合起来的方法，一般在手工技能者（如管道工、理发师、木匠、机械师和印刷工）的培训中运用。

9. 游戏法

游戏培训是组织的人力资源部门通过一些经过精心设计的户外游戏活动，以一种轻松、自由的方式对员工进行培训的方法，主要是培养员工之间的团队精神、合作意识及快速处理问题的能力等。

二、新员工入职培训效率提高的措施

新员工培训主要是指对于新进入企业的雇员，由企业为其开展上岗培训，通过必要的指导和教育，帮助他们尽快适应新环境，掌握并具备岗位工作所需要的专业技术和操作技能。这种培训一般是由人力资源部组织开展，让新员工尽快熟悉基本情况，顺利进入岗位角色。不同企业的培训管理模式虽不尽相同，但是企业都会非常关注如何提高新员工培训的效率。笔者认为可以从制订新员工专项培训规划、打造优秀的培训师资队伍、建立新员工岗位轮换机制、强化新员工培训效果评估等方面着手，确保新员工培训工作的成功，不断提升培训的效果与效率。

（一）制订新员工专项培训规划

开展新员工培训的首要问题是明确培训目标，端正培训方向，树立以企业发展战略为导向的培训理念。新员工培训不是一项简单、单一的工作，必须结合企业业务发展和岗位素质要求，制订以能力提升和个人发展为前提的新员工培训规划，全面计划、系统安排、动态调整，确保培训投入的有效性。

首先，对新员工培训的整体内容、培训方法、培训教师、培训时间等方面要有一套系统的规划，不能把新员工培训简单定义为宣贯企业规章制度、熟悉公司内外部环境等，这样的培训非常容易流于形式，走过场。

其次，选择灵活多样的培训形式，尤其是针对青年员工要进一步丰富培训方式，不仅包括课堂学习，还应包括岗位轮换、角色演练、现场辅导、技术交流、在线学习等多种方式，不同的形式适用不同的人群，其产生的费用和效果往往都不同。

最后，利用培训时机为新员工提供职业生涯设计。越来越多的青年员工不再仅仅关注薪酬待遇，可能更重视个人未来发展，为此，在新员工培训初期就应该充分考虑员工职业生涯设计，及时让新员工了解在企业的发展空间和发展要求，并在日后的工作中做出相应的努力。

（二）打造优秀的培训师资队伍

新员工的成长需要自身不断的锻炼和努力，但是仅仅依靠个人的力量，成长速度较为缓慢。在企业中，培训师往往承担着培养人才、加快人才成长的重要职责。所以，在培训新员工时，为了提高培训的效率，企业必须不断提升培训师的能力和水平，打造一支"数量充裕、结构合理、素质过硬"的优秀培训师资队伍，才能给新员工的成长打下坚实基础。首先，要在企业内部选拔聘用一批"基础扎实、经验丰富、富有责任心"的专业人才担任内部培训师，通过建立"导师制"或"传、帮、带"的形式，有针对性地开展新员工培训。其次，定期对培训师开展再学习和再教育，不断丰富培训师专业知识。内部培训师不仅要熟悉公司各岗位的工作内容、工作性质和能力要求，还需要与时俱进，及时学习和掌握新技术、新知识，不断进行个人知识的更新，确保自己处于成长状态，才能成为合格的培训师。最后，加强对内部培训师的考核与监督，以 1~3 年为周期对内部培训师开展考核评价，对于贡献突出的内部培训师继续聘用并及时给予奖励，对于不能如期完成培训任务或培训效果差的内部培训师要及时予以调整，确保培训师资队伍的先进性。

（三）建立新员工岗位轮换机制

对于新进入企业的雇员，由于不了解企业现状、招聘岗位不一定是员工真正擅长的工作等，新员工在入职初期并不能充分确定自己适合的岗位类型和发展规划，但是这些都只有在日常工作中才能表现出来。为了帮助他们充分认知岗位，完全发挥个人的优势与特长，企业非常有必要建立新员工岗位轮换机制。通过编制新员工轮岗计划，让他们在公司内部主要岗位上进行短、中期的定向实践和实习，全面了解企业的岗位序列设置、能力要求及个人的工作意向，可以大幅提升新员工岗位胜任力，也能为培养复合型人才打下基础，起到良好的效果。在开展新员工岗位轮换工作中，以下环节是需要重点关注的：首先，新员工岗位轮换工作需要人力资源部和业务部门统筹规划、系统安排，对于确定需要进行轮岗的新员工，应结合员工及岗位的实际情况，编制轮岗计划；其次，参与轮岗的新员工应配备导师指导，由导师在员工工作能力上和适应新岗位上给予及时指导，并且在整个轮岗过程中跟进评估，发现问题并及时帮助解决。

（四）强化新员工培训效果控制与评估

对新员工培训效果的控制一般有三种办法，分别是前馈控制、现场控制、反馈控制。在进行培训之前，要科学预测培训过程中可能出现的突发事件或者问题，并且要提前制定出有效的解决措施。现场控制即是管理者在培训现场，指导培训工作的实施。反馈控制是在培训结束以后，针对培训出现的结果来发现培训中的偏差和纠正偏差，总结经验和教训，以防止下次继续犯类似的错误。培训的最后一个环节就是对培训效果进行评价，评价一般重点考虑学员的反映、学习的成效、员工行为的显著变化、个人绩效的提升等方面，主要分为三个阶段开展：第一阶段侧重于对培训整体安排和培训内容是否合适进行评定，可以组织参加培训人员进行集体讨论，从中了解对课程和培训师的反映；第二阶段主要评价参加培训人员的学习成效，可以采用考试或现场测评的方式进行；第三阶段则是考核参加培训人员的工作表现，可以听取参加培训人员的领导、同事或客户的意见。在培训效果评估全部完成后，人力资源部需要根据评估结果及时修订和调整下一期新员工培训计划。

第三节　招聘结果与方法的成效评估

招聘评估是招聘过程必不可少的一个环节，招聘评估通过成本与效益核算能够使招聘人员清楚地知道费用的支出情况，区分出哪些是应支出项目，哪些是不应支出项目，这有利于降低今后招聘的费用，有利于为组织节省开支。招聘评估通过对录用人员的绩效、实际能力、工作潜能的评估及通过录用员工质量的评估，检验招聘工作成果与方法的有效性，有利于招聘方法的改进。

一个完整的招聘过程的最后，应该有一个评估阶段。招聘评估是在完成招聘流程中各阶段工作的基础上，对整个招聘活动的过程及结果进行评价与总结，检查是否达到预期的招聘目的，以便于不断地改进招聘工作和提高招聘水平。

一、招聘结果成效评估

招聘结果的成效评估包括招聘成本—效益评估、录用人员的数量和质量评估。只有在招聘成本较低，同时录用人员数量充足且质量较好时，才说明招聘工作的效率高。

（一）招聘成本—效益评估

招聘成本—效益评估指标主要有招聘成本、成本效用、招聘收益—成本比。

1. 招聘成本

对招聘总成本与招聘单位成本进行评估。

招聘总成本是人力资源的获取成本，包括在招聘过程中招募、选拔、录用、新员工安置及适应性培训等各环节发生的费用。具体包括招募成本、选拔成本、录用员工的家庭安置成本和工作安置成本，以及员工离职成本等有形与无形成本。

（1）招募成本。招募成本是为吸引和招聘到企业所需的人力资源而发生的费用，主要包括招募人员的直接劳务费用（工资与福利等）、直接业务费用（如参加招聘洽谈会的费用、差旅费、招聘代理费、专家咨询费、广告宣传发布费、水电费等）、间接管理费用（如行政管理费、临时场地及设备使用费）等。除此之外，招募成本还包括为吸引未来可能成为企业成员的人支付的费用，如为吸引高校学生所预先支付的委托代培费等。可利用下面的公式计算招募成本。

招募成本=直接劳务费+直接业务费+间接管理费+预付费用

（2）选拔成本。选拔成本是对应聘人员进行鉴别甄选，以做出录用决策过程中所支付的费用。一般情况下，主要包括以下几个方面的费用：初步口头面试，进行人员初选；汇总应聘者资料；进行各种知识测试与心理测验；进行诊断面试；根据应聘者的资料、各项测验结果、面试中的表现、调查评价意见等，召集相关人员讨论录用人选；对录用人员进行背景调查，获取有关证明材料；通知背景调查合格者体检，发布录用信息等方面的费用支出。以上每一环节所发生的选拔费用不同，其成本的计算方法也不同，如：

初步面试的费用=面试时间×主试者的小时工资率

汇总申请资料费用=（印发每份申请表资料费+每人资料汇总费）×候选人数

诊断面试的时间费用=（面试前主试者的准备时间+每位候选人的面试时间）×主试者的平均工资率×候选人数+外聘专家费用

考试费用=（平均每人的材料费+平均每人的评分成本）×参加考试人数×考试次数

心理测验费用=每位候选人的测验费用×参加测验人数

体检费=每位候选人的体检费用×检查人数+体检时间×体检组织者的小时工资率

如果由中介机构代理招聘，选拔成本应包括在代理费用之中。此外，选拔成本随着应聘人员所须从事的工作不同而不同。一般来说，外部人员的选拔成本要高于内部人员的选拔成本，技术人员的选拔成本要高于操作人员的选拔成本，管理人员的选拔成本要高于一般人员的选拔成本。总之，选拔成本随着被选拔人员的职位增高及对企业影响的加大而增加。

（3）录用成本。录用成本是指经过招募选拔后，把合适的人员录用到企业中所发生的费用。录用成本包括录取手续费、调动补偿费、搬迁费和路途补助费等。另外，在原工作单位劳动合同没有到期的被录用者，因给原企业造成了损失，应向原单位缴纳一定数额的离职补偿金和违约补偿金，如果被录用者是企业的关键人才，双方协商该补偿金由录用单位来交纳，该部分费用也应该记入录用成本。

一般来讲，被录用者职位越高，录用成本也就越高。从企业内部录用员工仅是工作调动，一般不会再发生录用成本。可利用下列公式计算录用成本。

录用成本=录用手续费+调动补偿费+搬迁费+路途补助费+离职补偿金+违约补偿金

（4）安置成本。安置成本是为安置被录取员工到具体的工作岗位上时所发生的费用。安置成本又由为安排新员工的工作所必须发生的各种行政管理费用、为新员工提供工作所需要的装备条件、欢迎新员工入职的相关费用及录用部门因安置人员所损失的时间成本而发生的费用构成。被录用者职位的高低对安置成本的高低有一定的影响。

（5）离职成本。导致员工离职的原因是多方面的，招聘工作的低效率是其中的原因之一。招聘工作是人力资源管理工作的起点，招聘工作质量的高低直接影响着员工的质量及员工队伍的稳定。因此，招聘的成本应考虑因招聘不当，使得员工离职给企业带来的损失，即离职成本。员工离职成本按员工离职行为产生的影响包含以下具体项目：员工离职造成的企业知识技能损失、离职前低效成本、离职后的空位成本、新员工替换成本、员工离职对其他员工的影响和员工离职后到竞争对手公司工作给企业带来的威胁等。

员工离职造成的企业知识技能损失：员工离职，其在企业中积累的工作经验、工作技巧及熟练的工作技能也被带走，随之流失的可能还有一部分客户关系。在知识经济时代，这是一项难以估量的成本损失，也是容易被企业忽视的损失。

离职前低效成本：员工一旦有了离职的意向后，往往不再安心工作，对现有工作缺乏积极性与主动性，产生消极怠工的倾向。从积极性降低到员工离职这一期间，员工的低效率直接影响企业的利益，因此必然形成一种不容忽视的成本。

离职后的空位成本：指员工离职后到新员工上岗前有一个时间段，在此期间由于岗位暂时空缺而产生的空岗损失。员工特别是那些不可替代员工的离职可能会造成某些业务或项目的停滞中断，甚至再也无法延续进行，给企业造成无法估量的损失。

新员工替换成本：包括替代员工的获得成本、培训成本及替换者适应期低生产率的风险。

员工离职对其他员工的影响：指员工离职后可能影响其他员工的情绪而造成的生产率下降的成本。离职者会给继续工作者带来一系列心理刺激，某些影响力大的员工的离职行为会造成群体心理动荡，减弱组织的向心力和凝聚力，动摇员工对企业的信心，极大挫伤团队的整体士气。这方面的损失更是不能低估。

员工到竞争对手公司工作给企业带来的威胁：对于企业中的一些中高层的技术和管理人才，如果他们掌握着企业核心技术或商业机密，离职后如果加入竞争对手企业中，则必然造成技术与商业机密的流失，直接改变了企业与竞争对手的实力对比。若是集体式的跳槽，对企业来说则很有可能是致命性的打击。因此，在招聘期，重点是要过滤掉一批显然不会在企业长期待下去的应聘者。在招聘新员工时可推行现实工作预展（RJPS）。向应聘者提供关于企业内和工作相关的一些现实情况，使应聘者加入企业前在心理调整上有所准备，使他们降低对工作过高的不切实际的期望，并会进一步采取积极的防御措施，从而减少了以后对工作现实情况失望和不满而产生离职意向的概率。另外，企业在招聘时，不能只注重对人才技术方面的要求而忽略了对个性的分析。要充分了解应聘者最满意的工作环境是什么，包括工作条件、技术导向、竞争氛围等。要考虑本企业所提供的岗位和工作环境是否与应聘者追求的工作环境相匹配。要尽量找到与企业具有协调一致的价值追求的，能够接受企业前景规划的，并能够真正融入企业的员工，这样可以有效降低将来的员工自愿离职率，进而降低离职成本。

除招聘总成本外，我们通常还需要关注招聘的单位成本，可利用下面的公式计算招聘的单位成本。

招聘单位成本＝招聘总成本/录用人数

显然，上述招聘总成本和招聘单位成本两指标都是越小越好。

2. 招聘成本效用评估

招聘成本效用评估是指对招聘成本所产生的效果进行分析。主要包括招聘总成本效用分析、招募成本效用分析、人员选拔成本效用分析及人员录用成本效用分析。

具体计算方法如下：

总成本效用＝录用人数/招聘总成本　招募成本效用＝应聘人数/招募期间费用

选拔成本效用＝被选中人数/选拔期间费用　人员录用效用＝正式录用的人数/录用期间费用

显然，这些指标越大越好。各公式计算出的比例越大，说明各项费用开支的使用效率越高。

3. 招聘收益—成本比

招聘工作投入了资金，对其进行产出评价应该包括投资效益的量化考核。一般来说，新员工充实到企业后，招聘工作基本结束，但从长远来看，招聘是个具有延续性的工作。新员工入职后，不仅能够完成基本要求的工作，为组织创造出预期的收益，同时随着新员工创造性潜力的发挥，还能够创造出更多的新价值。

招聘的收益价值可以通过核算新员工入职后，为企业带来的直接经济利益、企业产品质量改善、市场份额增长的幅度、市场竞争力的提高及未来支出的减少等各方面信息资料来进行获取。单个员工可以其在某岗位上所做出的业绩、利润及通过其他方式进行的绩效考评等方面的结果，与历史同期或同行业的标准做比较，来确定招聘该员工的收益。

对该员工招聘的工作进行整体的评估可以通过招聘收益—成本比来实现，这是一项经济评价指标，同时也是对招聘工作的有效性进行考核的一项指标。招聘收益—成本比例越高，则说明招聘工作越有效，即招聘收益越大，录用员工对企业的贡献越大，并且说明录用人员的素质较高，招聘效果好，实现了企业设定的招聘目标；反之，说明公司可能招入了不合格的员工，不能实现创造价值的目标。

招聘收益—成本比＝所有新员工为组织创造的总价值/招聘总成本

另外，除了对招聘的成效评估外，还应对招聘的时间进行评估。在招聘计划中一般都有对招聘时间的估计，在招聘活动结束后要将招聘过程中各个阶段所用的时间与计划的时间进行对比，对计划的准确性进行评估和分析，为以后更加准确地确定招聘时间、制订招聘计划，更好地开展招聘活动奠定基础。

招聘收益—成本比的评估指标主要有应聘比、录用比和招聘完成比。这三项指标评估方法如下。

（1）应聘比。

应聘比 =（应聘人数/拟招聘人数）×100%

该比率说明员工招聘的挑选余地和信息发布状况。该比率越大，说明组织的招聘信息发布得越广、越有效，组织的挑选余地也就越大，招聘信息发布效果越好，同时说明录用人员素质高的可能性较大；反之，该比率越小，说明组织的招聘信息发布得不适当或无效，组织的挑选余地也越小。一般来说，应聘者比率至少应在200%。招聘越重要的岗位，该比率应当越大，这样才能保证录用者的质量。

（2）录用比。

录用比 =（实际录用人数/应聘总人数）×100%

美国西南航空公司1994年录用比平均为3%，爱立信的录用比例为4%。一般该比率越小，表明对企业来说可供选择的人员越多，实际录用者的素质就可能越高，因当应聘人数多且总体素质都较高时，就有"百好之中挑一"之效，但同时也加大了企业的招聘成本；反之，说明可供筛选者越少，则实际录用者的素质较低的可能性越大。

（3）招聘完成比。

招聘完成比 =（录用人数/拟招聘人数）×100%

该比率说明新员工招聘计划的完成情况。如果招聘完成比等于或大于100%，则说明在数量上全面或超额完成招聘任务。比率越小，说明招聘员工数量越不足。

（二）录用人员质量评估

录用人员质量评估是一个系统性的过程，其本质是对录用人员在能力、潜力、素质等多个方面，在选拔过程结束后所进行的进一步考核与评估的延续。这一过程旨在深入分析并评估新员工所具备的素质和能力是否能够满足应聘岗位的具体要求，以及是否适应组织工作的整体需要。为了确保评估的准确性和客观性，通常会采用与招聘过程中相似的测试方法和工具。此外，员工录用质量比是一个重要的评估指标，它依据应聘岗位的工作分析文件所设定的分数等级，来全面考察和衡量员工录用的整体质量，从而确保新员工能够胜任岗位工作，为组织的发展贡献力量。

二、招聘方法成效评估

招聘方法的成效评估指标包括招聘的信度和招聘的效度，相应地，招聘方法的成效评估有以下两种。

（一）招聘的信度评估

1. 招聘信度的含义

招聘信度是指招聘的可靠性程度，具体指通过某项测试所得的结果的稳定性和一致性。应聘者多次接受同一测验或有关测验时，若其结果相同或相近，我们认为该测验的可靠性较高。一般认为一个人的个性、知识、能力、技术在一个较短的时间内是相对稳定的，不会发生太大变化。任何一种测试手段，如果其信度很低，就不可能是有效的，这就犹如你在同一台磅秤上测量你的体重，每次测的体重数都不同，最后得出的结果恐怕连你自己都不愿相信。通常这一指标又具体体现为稳定系数、等值系数、内在一致性系数。

2. 招聘信度三项指标系数的测定

第一，稳定系数。稳定系数是指用同一种测试方法对一组应聘者在两个不同时间进行测试的结果的一致性，一致性可用两次结果之间的相关系数来测定。此法不适用于受熟练程度影响较大的测试，因为被测试者在第一次测试中可能记住了某些测试题的答案，从而提高了第二次测试的成绩。

第二，等值系数。等值系数是指对同一应聘者使用两种内容、结构、难度等方面相当的测试题所得结果之间的一致性。如对同一应聘者使用两张内容相当的个性测试量表时，两次测试结果应当大致相同。等值系数可用两次结果之间的相关程度（相关系数）来表示。

第三，内在一致性系数。内在一致性系数是指把同一（组）应聘者进行的同一测试分为若干部分加以考查，各部分所得结果之间的一致性程度。这可用各部分结果之间的相关系数来判别。

另外，用于招聘方法的成效评估的指标还有评分者信度指标。评分者信度是指不同评分者对同一对象进行评定时的一致性。例如许多人在面试中使用一种工具给同一求职者打分，他们都给候选人相同或相近的分数，则这种工具具有较高的评分者信度。

（二）招聘的效度评估

1. 招聘效度的基本含义

招聘效度是指招聘的有效性，具体指用人单位对应聘者真正测到的品质、特点与其想要测的品质、特点的符合程度，因此一项测试必须能测出它想要测定的功能才算有效。在人员选拔过程中，测验效度高是指实际测到应聘者的特征与想要测的特征符合程度高，其结果应该能够正确地预计应聘者将来的工作成绩，即选拔结果与今后的工作绩效是密切相关的。招聘效度测试指标主要有预测效度、内容效度、同测效度。

2. 招聘效度三项指标系的测定

（1）预测效度。预测效度反映了测试用来预测将来行为的有效性。通过将应聘者在选拔中所得分数与其被录用后的绩效分数相比较来了解预测效度，若两者相关性越大，则说明所选的测试方法、选拔方法越有效，进而可用此法来进一步评估、预测应聘者的潜力；若相关性很小或不相关，说明此法在预测人员潜力上效果不佳。

（2）内容效度。内容效度即某测试的各个部分对于测量某种特性或做出某种估计有多大效用，测试是否代表了工作绩效的某些重要因素。在测内容效度时，主要考虑所测得的内容是否与想测试的特性有关，如招聘打字员，测试其打字速度和准确性、手眼协调性和手指灵活度的操作测试的内容效度是较高的，因为准确性、灵活性是打字员应具备的职业特性，是特别需要测定的。内容效度多用于知识测试与实际操作测试中，而不适用于对能力和潜力的测试。

（3）同测效度。同测效度是指对现有员工实施某种测试，然后将测试结果与员工的实际工作绩效考核得分进行比较，若两者的相关数很大，则说明这种测试效度较高。这种测试效度的特点就是省时，可以尽快检验某种测试方法的效度，但若将其用到人员选拔测试时，难免会受到其他因素的干扰而无法准确地预测应聘者未来的工作潜力。例如这种效度是根据现有员工的测试得出的，而现有员工所具备的经验、对组织的了解等，则是应聘者所缺乏的。因此，应聘者有可能因缺乏经验而在测试中得不到高分，从而错误地被认为是没有潜力或能力的。事实上，他们若经过一定的培训或锻炼，是有可能成为称职的员工的。

第七章 大数据驱动下的人才招募策略

第一节 大数据及其对人才招募的影响

一、大数据时代的基本特征

随着大数据时代的到来，"大数据"已经成为互联网信息技术行业的流行词汇。关于"什么是大数据"这个问题，大家比较认可关于大数据的"4V"说法。大数据的四个"V"，或者说是大数据的四个特点，包含四个层面：数据量大（Volume）、数据类型繁多（Variety）、处理速度快（Velocity）和价值密度低（Value）。

（一）数据量大

人类进入信息社会以后，数据以自然方式增长，其产生不以人的意志为转移。随着 Web 2.0 和移动互联网的快速发展，人们已经可以随时随地、随心所欲地发布包括博客、微博、微信等在内的各种信息。以后，随着物联网的推广和普及，各种传感器和摄像头将遍布人们工作和生活的各个角落，这些设备每时每刻都在自动产生大量数据。

综上所述，人类社会正经历第二次"数据爆炸"（如果把印刷在纸上的文字和图形也看作数据，那么人类历史上第一次"数据爆炸"发生在造纸术和印刷术发明的时期）。各种数据产生速度之快，产生数量之大，已经远远超出人类可以控制的范围，"数据爆炸"成为大数据时代的鲜明特征。

（二）数据类型繁多

大数据的数据来源众多，科学研究、企业应用和 Web 应用等都在源源不断地生成新的数据。生物大数据、交通大数据、医疗大数据、电信大数据、电力大数据、金融大数据等都呈现出"井喷式"增长，所涉及的数量十分巨大，已经从 TB 级别跃升到 PB 级别。

大数据的数据类型丰富，包括结构化数据和非结构化数据，其中，前者占10%左右，主要是指存储在关系数据库中的数据；后者占 90%左右，种类繁多，主要包括邮件、音频、视频、微信、微博、位置信息、链接信息、手机呼叫信息、网络日志等。

如此类型繁多的异构数据，对数据处理和分析技术提出了新的挑战，也带来了新的机遇。传统数据主要存储在关系数据库中，但是，在类似 Web 2.0 等应用领域，越来越多的数据开始被存储在非关系型数据库（Not Only SQL，NoSQL）中，这就必然要求在集成的过程中进行数据转换，而这种转换的过程是非常复杂和难以管理的。传统的联机分析处理（On-Line Analytical Processing，OLAP）和商务智能工具大都面向结构化数据，而在大数据时代，用户友好的、支持非结构化数据分析的商业软件也将迎来广阔的市场空间。

（三）处理速度快

大数据时代的很多应用都需要基于快速生成的数据给出实时分析结果，用于指导生产和生活实践。因此，数据处理和分析的速度通常要达到秒级响应，这一点和传统的数据挖掘技术有着本质的不同，后者通常不要求给出实时分析结果。

为了实现快速分析海量数据的目的，新兴的大数据分析技术通常采用集群处理和独特的内部设计。以谷歌公司的 Dremel 为例，它是一种可扩展的、交互式的实时查询系统，用于只读嵌套数据的分析，通过结合多级树状执行过程和列式数据结构，它能做到几秒内完成对万亿张表的聚合查询，系统可以扩展到成千上万的 CPU 上，满足谷歌上万用户操作 PB 级数据的需求，并且可以在 2~3 秒内完成 PB 级别数据的查询。

（四）价值密度低

大数据虽然看起来很美，但是价值密度却远远低于传统关系数据库中已经有的那些数据。在大数据时代，很多有价值的信息都是分散在海量数据中的。以小区监控视频为例，如果没有意外事件发生，连续不断产生的数据都是没有任何价值的，当发生偷盗等意外情况时，也只有记录了事件过程的那一小段视频是有价值的。但是，为了能够获得发生偷盗等意外情况时的那段宝贵的视频，人们不得不投入大量资金购买监控设备、网络设备、存储设备，耗费大量的电能和存储空间，来保存摄像头连续不断传来的监控数据。

如果这个实例还不够典型，那么可以想象另一个更大的场景。假设一个电子商务网站希望通过微博数据进行有针对性的营销，为了实现这个目的，就必须构建一个能存储和分析新浪微博数据的大数据平台，使之能够根据用户微博内容进行有针对性的商品需求趋势预测。愿景很美好，但是现实代价很大，可能需要耗费几百万元构建整个大数据团队和平台，而最终带来的企业销售利润增加额可能会比投入低许多，从这点来说，大数据的价值密度是较低的。

二、大数据对人力资源招聘的有利影响

（一）大数据优化招聘渠道

大数据可以帮助企业在实施人力资源招聘时拓宽招聘路径，选择合理的招聘渠道，从而获得良好的招聘成果。一个典型的例证便是大数据可以帮助企业招聘者将招聘渠道拓展至社交网络，这样可以使企业进行招聘的渠道不再局限于人才市场、猎头公司、传统招聘网站，便于获取新的有效候选人数据源。而在社交网络上，用人企业不再只是单向宣传者，转而能主动搜寻和获知与个人有关的全方位的数据信息，这将帮助企业先一步形成对潜在求职者的立体认知。尽管这些信息的真实性有待甄别，但的确给企业招聘提供更多的选择面，增强招聘效能。由大数据处理衍生出的双向人岗匹配算法，将促使企业高效做出招聘选择。

大数据帮助企业在社交网络领域开拓新的招聘渠道，这种新渠道又能与企业既有的招聘渠道相结合，形成线上线下相配合的招聘体系。例如有些公司将线上社交网络与线下员工内部推荐相结合，要求公司内全体员工登录公司线上招聘系统，将公司招聘与自己的社交网络相关联，通过社交网络推送一些公司招聘信息，并授权他们负责一定的候选人初筛工作。这样的做法是对已有员工内部推荐招聘渠道的补充和改善，使员工能有效利用自己的社交关系，帮助公司寻觅更多的潜在求职者。

而从另一个角度来看，大数据还能帮助企业在进行招聘工作总结时，有效分析不同招聘途径的招聘成效，得出不同招聘途径的投入产出比，并归纳出这些途径与不同招聘岗位的契合程度。在此基础上，企业便可以在今后的招聘设计中合理地统筹规划，根据不同招聘渠道的特质分配不同的岗位和不同的招聘投入，重点维护效益突出的招聘渠道，以此实现整个招聘资源的合理配置。而在公布的具体招聘信息方面，也可以借助大数据分析来统计求职者对不同形式的招聘信息的

浏览时间长短，从而进行优化调整，实现对具体招聘渠道的精细化改进。

（二）大数据降低招聘成本

大数据给企业人力资源招聘带来的另一个显著的有利影响便是招聘成本的减少。这种招聘成本的减少是整体性的，既包括资金投入的减少又包括时间成本的减少。

在资金成本的减少方面，大数据可以在供需预测、招聘渠道、初选匹配、面试开展等多个方面降低企业的招聘资金投入。首先，在人力资源供需预测上，借助像腾讯公司"红线"项目这样的员工离职动态预警机制，企业能及时获知自己内部潜在的岗位人员缺口，从而编制科学的人力资源需求报告，对之后开展的人力资源招聘工作形成正确的指导，减少不必要的超额投入。同时，借助这样的人员流动动态预警机制，企业还能及时采取对应的人员留用或继任者方案，可以减少离职与录用新人之间的空档期引起的潜在耗费。

而在招聘渠道上，正如上一部分所说，企业可以通过大数据统计分析，获知不同招聘渠道的具体效能，从而统筹规划，合理配置对不同招聘渠道的费用投入程度，并能够开发像社交网络这样的新式招聘渠道，获取更多的候选人数据源，并借助社交网络自身的群体聚集性进行一定程度的门槛筛选，减少筛选工作。随着社交网络这样的线上招聘渠道比例的增加，人才市场租赁摊位和聘请猎头的费用比例便会减少，这些单价较高的招聘投入项目的减少将直接降低企业的招聘成本。

在时间成本的减少方面，依托大数据的人力资源招聘能够通过选择合适的招聘渠道、进行智能化的简历初筛和匹配的方式显著地减少搜寻理想候选人的时间。除此以外，依托像腾讯公司建立的部门间大数据平台，人力资源部门能够更方便快捷地调取招聘所需要的周边信息，如生产绩效指标等，在相关内部流程上显著减少工作用时。

（三）大数据增强招聘匹配度

招聘结果中人岗匹配度的增强也是大数据给企业人力资源招聘带来的一项不可忽视的有利影响。人岗匹配度的增强一方面来自招聘岗位标准的精细设置与候选人初筛机制的改进，另一方面来自对求职者的个性化定向长远分析。

企业在应用大数据时可以对历史员工数据和岗位信息进行细致的梳理和分析，将不同岗位的高绩效人才的特质列出，作为岗位的胜任力标准，并建立模型用以比对。借助计算机进行的智能简历初筛和候选人匹配能有效规避人工筛选带来的主观性和复杂性，使整个筛选考查过程变得科学而流畅。而在寻找候选人的实际过程中，企业又可以利用社交网络信息传播快、信息传播面广、用户个人信息多样化的平台优势，从中快速地获取围绕候选人的立体个人数据，作为以上候选人智能初筛机制的数据信息基础。

借助大数据开展对求职者个人的个性化定向分析也在很大程度上保证了人岗的匹配度。通过大数据搜集技术得来的求职者个人信息不仅包括与其申请的岗位直接关联的技能、经验、性格等要素，还囊括了其个人方方面面的信息，如兴趣爱好、社交圈子、目前的生活状态，只要在顾及个人隐私的前提下有节制地加以提取，便能够对其个人形成"全息搜索"，获得能展示其综合情况、发展潜力的立体信息集。这些个性化的海量有效信息能保证企业的录用决策有充分的参考标准。谷歌与腾讯公司均注重通过大数据信息来预测即将入职员工的未来发展走势和稳定性，从中我们也可以发现大数据能帮助企业提前预测新员工的未来职业生涯发展状况，对其可能出现的问题做出风险预案，从长期的时间跨度上去保证其与岗位的匹配度，这种未雨绸缪的个人定向长远分析正是大数据给企业人力资源招聘带来的一大机遇。

三、大数据对人力资源招聘的不利影响

诚然，大数据为人力资源招聘带来了许多新的思路和机遇，为招聘的各个环节带来了相当多的有利影响，但同时，我们也应注意到，大数据同样给企业人力资源招聘带来了不少问题与挑战。

（一）数据利用能力欠缺问题

尽管大数据可以为企业招聘带来巨大的机遇，但在现实操作中，由于企业HR人员的理念未及时更新、自身配套技术的缺失或相应人才的缺口，对大数据的实际利用情况往往不容乐观。

主观上，企业的HR人员在将大数据应用到人力资源招聘实践中时，理念和技能未必能够及时更新，这会造成人与技术之间的脱节。在企业引进"大数据"概念时，很多HR人员或许对大数据有一定的了解，但理解未必能深刻到位。可能有不少HR人员仍对大数据在人力资源招聘领域的应用前景抱有顾虑，不敢轻易拓宽大数据在这一模块的应用范畴，使得企业大数据技术进步和革新的速度十

分缓慢。而在招聘决策中，HR 人员也常常存在对大数据的战略地位认识不足的情况，仍在心理上信任自身过往经验而非信任数据分析结果，因此便会严重影响企业对潜在的数据信息的利用能力。

首先，在大数据的存储能力方面，一家企业要想在招聘领域用好大数据，便应具有足够强的数据吞吐和贮存能力。如上文概念阐释部分所介绍，大数据一般具有 10TB 规模以上的数据量。而具体到招聘大数据，又包含结构化数据和非结构化数据，非结构化数据尤为繁杂和没有规律性。一家单独的企业要对如此大体量的数据进行存储，且要按照数据类型进行分门储存，显然对现下很多企业来说是个难题。

其次，在大数据的具体运营和管理能力方面，对招聘领域的大数据进行日常运营管理难度颇高，因为社交网络中的大数据随着社交关系不断向外拓扑，其传播规模也会不断递增，数据内容涵盖文字、图片、视频、社交链接等多类型。面对这样的海量流式数据集，想要管理得当必须依托突破常规的新式数据库管理工具或数据处理应用，而这显然是很多企业无法拥有的。

最后，在大数据的甄别和价值提取方面，很多企业也存在问题。大数据本身便具有数据体量大但价值密度低的价值特性，而招聘领域的大数据因为招聘平台的特性加剧了价值密度低的特点。社会化招聘的数据量会随着传播范围的增长而呈指数式增长，但是涵盖在海量数据中的有效数据却并未呈同比例增长。而由于社交网络中信息的真实性往往存疑，企业在过滤无效信息，提取有效信息的工作上挑战巨大。

（二）数据利用成本问题

尽管大数据给企业人力资源招聘带来的显著好处之一便是招聘成本的减少，但这种招聘成本的减少是建立在企业已建立成熟的大数据运行机制并已开始从中挖掘招聘价值的基础上，在引入和建设大数据技术的发展过程中，很多企业都会面临投入—产出比极低，得不偿失的问题。

首先，大数据本身具有投入周期长、收益回报延后、技术门槛高的特性，这样的特性使得企业在大数据技术引进的初期往往得不到及时的经济回报。招聘领域也不例外，大数据在对人力资源招聘产生正向经济回报之前，势必会经历一个与企业原来的招聘体系磨合的过程，这样一个磨合过程不但难以有经济回报，可能还会有很多的损耗成本，这是企业招聘者在引进大数据时需要直面的问题。此外，人力资源招聘从经济角度讲本身也是一个延后收益的过程，从招聘录用到为企业创造价值需要一定的时间段，这也使得大数据在招聘领域的运用初期成本显得较高。

其次，在大数据技术的兴盛发展之下，一些企业不顾及自身发展现状盲目跟风引进大数据技术，试图对自身的人力资源招聘体系进行革新，没有考量现实可行性和收益与成本的对比，花费了大量财力构建企业大数据管理系统，并耗资维护其日常运行，结果可能在对大数据的实际获取中不得要领，搜集了很多无效数据信息，却无法给企业招聘带来增益，反而可能破坏企业原有的招聘流程。一些中小企业因为自身财力的短缺，在引进大数据技术后没有正确地使用，带来短期成本的急剧上升，于是又浅尝辄止，放弃对大数据的维护和发展，造成无效投资。

（三）数据安全问题

大数据运用到企业人力资源招聘中能显著提升对求职者的信息了解度，获取与个人有关的全方位的资料，这自然便易引起有关数据隐私和安全方面的问题。目前，大数据信息的公开共享与数据安全保护是大数据时代的一大矛盾。

如同前文大数据在企业人力资源招聘中的应用方式阐述的那样，当前很多企业在搜集与个人求职者有关的大数据时，获取的不仅是与其工作能力、知识经验等岗位任职要素直接相关的信息，还包含海量的涉及个人隐私的数据，如个人兴趣爱好、性格特质、生活经历、家庭关系等，这套与个人全方位相关的立体数据集已足够构建一个人的"数字画像"，用在人岗匹配和职业生涯发展预测方面自然能大幅度地提升精确度，但若把控不好尺度便极易触碰道德和伦理底线。企业层面不加节制的数据隐私获取行为容易引起潜在的法务问题，置自己于险境。

如今的企业招聘大数据在收集渠道上也不再局限于企业内部管理信息系统，而是包含移动端、云端等多种渠道方式，这就使得对大数据信息的获取和保护更加具有不可控性，使得安全隐患进一步加重。而现在很多公司关于数据信息的权限设置与制度规定并不及时和健全，在一定程度上存在数据安全保护的无章可循、无制度可依。这些招聘大数据信息一旦泄露，一方面会对个人隐私形成重大威胁，另一方面可能会泄露企业的商业机密，深度威胁企业的战略发展。因此，数据安全问题目前在很多企业的大数据人力资源招聘方面存在极大的潜在风险，如不重视和加以重点防护将会引起重大问题。

第二节　数据分析在人才招募中的应用

一、大数据在谷歌公司人力资源招聘中的应用

谷歌公司（Google Inc.）因其广泛的业务范围（云计算、网络搜索、虚拟现实等）、强大的搜索引擎技术、庞大的用户基数而享誉全球。由于其业务性质（基于互联网，以搜索引擎服务为主打）和庞大的用户数量，谷歌公司所能产生和接触到的大数据规模极为庞大，而该公司亦在对大数据的利用上走在了前列——在大数据概念广泛流行之前，谷歌便开始了对大数据的大胆运用，在人力资源招聘领域利用大数据处理技术进行管理革新，建立了具有先驱性质的人力资源智能招聘方式。

谷歌公司在这方面最有代表性的技术是它利用其计算机算法技术建立的自动化智能化招聘算法。由于公司优越的岗位条件和多彩的企业文化，谷歌公司常年都会收到海量的求职申请，面对海量的求职者，谷歌为人力资源部门专门配置了一支分析师团队，这支团队囊括了金融、数学、心理学等多个领域的高水平人才，致力于为公司设计精细化、智能化、依托大数据的人力资源招聘模式，他们通过对往届招聘记录的分析和横向对比，推演出最优化的招聘面试计划，通过对内部岗位和人员进行细致调研，跟踪员工历史大数据，描绘出不同岗位的高绩效人才的"数字画像"，以此为模板对招聘候选人进行考查测评，从而精准快速地识别和纳用目标人才。

在招聘实践中，谷歌公司依托其计算机互联网的技术优势和搜索引擎服务得以接触到海量的大数据，以候选人获聘后是否具有最佳生产力为算法依据，将上述描绘人才数字画像、考查测评的流程整合为一套智能化计算机算法，依靠自动算法便可以在海量候选人中进行高效甄选，实现科学预测和匹配。此外，谷歌的这套算法还对招聘后续的人才留用做了一定的设计，它将预测哪些被录用者将来很可能会离职，并为长期保留人才提供个性化的解决方案建议。同时，这套算法模型也可用于预测未来员工在实际工作中可能会出现的问题，并给出一定的改善计划建议，以帮助员工顺利胜任岗位，从而更长期有效地保留人才。

二、大数据在腾讯公司人力资源招聘中的应用

腾讯公司为海量用户提供了综合化、多元化的互联网服务，其庞大的用户规模和与谷歌相似的互联网服务基石，让其在大数据的接触和使用上也走在了同类企业的前列。

腾讯对大数据在人力资源招聘中的应用是依托于内部大数据平台的。腾讯在2012年通过 People Soft 搭建起了人力资源管理的统一结果库，2014年初在 SDC（Shared Delivery Center）内部专门设立了 HR 大数据团队。根据张欣瑞等学者的研究，腾讯的 HR 大数据平台主要有三个组成部分：应用层、功能层及团队。其中应用层主要负责解决大数据的具体需求、应用场景等问题，并为大数据的实际运用保驾护航，使得 HR 业务能够踏实地依托于 HR 大数据，功能层则是对应HR 大数据的后台运作，其核心模块包括元数据管理、数据质量管理和逻辑建模规划三个部分，主要是保障数据质量，使得 HR 大数据被科学管理；HR 大数据团队则由具有复合工作经验和背景（如人力资源、数据库、HR 咨询等）的员工专业组成，为 HR 大数据应用提供专业化的人员保障。

腾讯对于大数据在人力资源招聘方面的一大特色就是对受聘人稳定性的分析——腾讯公司以员工的就职稳定度为依据，将过往的所有员工作为数据样本进行数据挖掘，从而找到关于员工稳定性的典型特质并建立对应的数学模型，根据候选人特质与理想模型的匹配水准来判断候选人的稳定性。这样就可以在招聘时通过上述方式审查简历，予以评定，自动对候选人稳定性给出评估建议，作为后续的面试、入职等环节的重要参考依据。

而在具体的招聘面试环节，腾讯的 HR 在设计面试问题时亦是助力人力资源大数据——在设计面试问题时，HR 会首先在公司内部选择高绩效员工作为优质员工样本，数目常为三个以上；其次针对这些优质员工样本进行大数据采集、过滤、建模、分析，从而找到这些员工的胜任力要素，以这些要素作为优质员工的重要评判标准；最后在这些评判标准的基础之上制定面试问题，从而在海量应聘者中快速甄选出合适的候选人，再进行进一步匹配。这样的招聘面试设计既节省了设计成本，又保证了面试结果的准确性。

除了在上述方面运用大数据之外，腾讯还针对招聘的前奏——人力资源需求预测使用了大数据技术。腾讯 HR 的 COE（Centers of Experts，人力资源专家中心）开创了对员工离职进行动态预警的"红线"项目。"红线"项目是由 COE

的活力实验室牵头、多部门联合推进的大数据分析项目，该项目以员工的非结构化大数据为依据，研究员工离职前的异常表现，努力总结出一般的规律，当员工开始表露出这些离职征兆时，及时向人力资源管理者预警，以便 HR 部门及时采取适当的员工留用或继任者方案。"红线"项目能及时、有效地使 HR 部门获知动态的人力资源需求，以便设计适宜的招聘方案。

三、谷歌与腾讯案例的综合分析

从以上部分可以看出，谷歌和腾讯这两家公司都在将大数据运用到人力资源招聘方面积累了较多的先行经验，综合分析这两者的案例，可以总结出一些共通的启示：

第一，这两家公司都具备方便地获取和接触大数据信息的渠道，谷歌是依托搜索引擎服务，腾讯是依托其代表性的社交和通信服务。尽管在逻辑顺序上是设立相关服务在先，获取大数据"近水楼台"的优势在后，但这也启示其他企业有必要注意开拓大数据的获取渠道，注意使企业业务与大数据浪潮有效结合。

第二，谷歌和腾讯都较早地尝试了运用大数据去革新招聘模式，在抢先尝试的基础上获得了足够的先发优势，积累了如今较健全稳定的大数据人力资源招聘经验，这启示着其他企业也应敢于完成管理理念革新，勇于运用大数据去改善自身的人力资源招聘。

第三，这两家公司在对人力资源大数据的使用模式上有整体类似性，例如在设计招聘模式时都是在对已有的历史数据进行数据挖掘的基础上，进行理想模型描绘，加以候选人对比，从而增加人岗匹配度。在招聘过程中，也都注意测评候选人未来可能的发展趋向。

通过对谷歌和腾讯公司案例的分析，结合搜索文献找到的其他资料，我们可以将大数据在企业人力资源招聘中的应用方式概述为以下较典型的三种方式：①对人力资源供需的动态精准预测；②对具体招聘手段的智能化辅助；③对招聘候选人的定向分析。

第三节　数据驱动的人才招募策略制定

随着大数据时代的到来，人们的生活发生了翻天覆地的变化，大数据逐渐在教育、医疗、科技、建筑等方面全面地普及起来。随着经济的发展，我国企业之间的竞争也愈演愈烈，各个企业逐渐加入人力资源的争夺"战争"中，企业人才招聘也越来越被重视。在大数据时代，很多企业招聘的方式不再局限于人才市场招聘、校园招聘等，而是通过互联网技术进行人才招聘。目前为止，网络求职者的数量连年上升，几乎已突破了我国青年网民的一半。因此，企业一定要加强对网络招聘的重视程度，并对现有的网络招聘方式进行进一步的创新和完善。

一、确保招聘工作的专业性

我国企业在进行招聘时，人力资源部门的工作人员对人才的选择主观性较强，对于应聘者信息的掌握也不够全面，一些重要的信息点可能会忽略掉。因此，企业要利用现有的大数据技术对招聘方法和模式进行创新，相关管理人员和工作人员也要打破现有的传统思想，对自己的招聘方式进行创新。随着我国信息化的发展，大数据的信息量是巨大的，对于如此庞大的数据库进行分析，可以帮助企业更加理智地进行决策。企业人力资源部门除了改变原有的传统思想外，还要不断地提高自己的招聘能力，不断提高自己应用大数据技术的水平，为企业招聘更为优秀的高素质人才。

二、利用信息化技术进行智能招聘

大数据时代，很多企业都已经认识到信息化技术的重要性，以及其对公司发展的积极作用，因此，目前一些企业已经开始建立对招聘信息进行管理的技术，实现企业的智能化招聘。但大部分企业还是没有将信息化技术和企业招聘结合起来，跟不上社会的发展步伐。想要解决这一问题，为企业的长远考虑，降低企业的人力资源成本、招聘到更多的优秀企业人才、提高企业人才的核心竞争力，企业就应当重视对信息化技术的应用，紧随社会的发展步伐，将信息化技术和人才招聘结合起来。通过信息技术对应聘者的信息进行客观的分析并全面掌握，同时尝试建立招聘信息管理技术系统，通过大数据分析，进一步提高人才和企业的匹配度，使得企业招聘具有客观化和理性化的特点。因此说，信息化技术对于企业进行智能化招聘有着积极的推动作用，企业人力资源部门的管理者一定要加强对信息化技术的重视，将其应用到人才招聘中。

三、加大社交网络招聘力度

很多企业在进行招聘时采用了报纸、杂志和多媒体等，这些招聘方式虽然在一定程度上对企业的招聘需求进行了传播，但是却存在应聘者不能直接进行沟通了解的弊端，这就阻碍了企业的招聘工作，造成了招聘效率低、成本高的问题。针对这一问题，企业应就自己之前的招聘方式进行反思，并做出相应的改变。例如企业可以通过现代社交网站进行招聘工作，这一招聘模式可以让企业在网络上跟有意向的求职者直接进行沟通，并通过大数据分析，选择出和企业工作岗位最为匹配的求职者。根据社交网络中求职者浏览信息的记录和求职者的个人信息，分析求职者的爱好、兴趣、特长及工作能力，筛选出最适合企业的优秀人才，这样不仅可以降低企业招聘的成本，对人才的选择范围也扩大了。因此，企业一定要重视对互联网技术的应用，利用社交网站更好地进行企业人才的招聘，提高企业招聘的效率，并为企业招贤纳士，提高企业的人才核心竞争力。

大数据时代的到来，为我国企业招聘带来了积极的推动作用，因此，企业一定要对传统的招聘模式进行突破，结合现代化信息技术，进行招聘模式的创新，为企业招聘到更多优秀的综合型技术人才，促进企业的可持续发展。

参考文献

[1]JACOBY, SANFORD. The Origins of Internal Labor Markets in Japan [J]. *Industrial Relations*, 1979, 18(2): 184−196.

[2]贝克尔. 人力资本[M].梁小民,译. 北京:北京大学出版社,1987.

[3]崔轻歌. 人力资源经济的应用与未来发展研究[J].老字号品牌营销,2024(02):48−50.

[4]丁桂凤. 人力资源开发与管理[M].北京:中国经济出版社,2016.

[5]董抒. 如何提高新员工培训的效率[J].中国冶金工业医学杂志,2022,39(05):615−616.

[6]董巍. 循环经济企业人力资源管理战略研究[J].商场现代化,2010(24):147−148.

[7]董伟,胡芬. 我国人力资源投资与人力资源收益分析比较[J].中国市场,2014(26):34−35.

[8]董泽芳. 人力资源开发与管理[M].武汉:华中师范大学出版社,2000.

[9]樊明. 人力资本理论:问题及新解释[J].中国劳动关系学院学报,2021,35(05):46−56.

[10]方晨骊. 大数据时代下企业招聘模式的创新[J].现代企业,2021(01):35−36.

[11]付强,张治平. 大数据时代关于招聘模式创新的思考[J].中国管理信息化,2019,22(16):81−82.

[12]顾艳丽,李欣. 浅析企业人力资源投资的风险[J].民营科技,2011(09):111.

[13]何秀珍. 劳动力市场对人力资源经济管理的新思路[J].人力资源,2023(22):134−135.

[14]贺小刚,刘丽君. 人力资源管理[M].上海:上海财经大学出版社,2015.

[15]胡君辰,郑绍濂. 人力资源开发与管理[M].上海:复旦大学出版社,1999.

[16]纪博心. 大数据对人力资源招聘的影响[J].商业文化,2021(25):98-99.

[17]匡勇,刘京涛. 基于循环经济的企业人力资源管理策略研究[J].东方企业文化,2015(09):114.

[18]李红梅. 数字经济时代人力资源管理创新研究[J].商展经济,2023(23):161-164.

[19]李思思. 人力资源经济的应用与未来发展研究[J].中国市场,2023(01):70-72.

[20]李燕萍,李锡元. 人力资源管理[M].3版. 武汉:武汉大学出版社,2020.

[21]麻彦春. 人口、资源与环境经济学[M].长春:吉林大学出版社,2007.

[22]秦霄. 共享经济时代企业人力资源管理的有效性探究[J].商业观察,2021(25):76-78.

[23]饶建华,徐阳,刘卫红. 浅谈互联网大数据的招聘智能分析平台的设计和实现[J].电脑知识与技术,2021,17(34):70-72.

[24]舒尔茨. 论人力资本投资[M].吴珠华,等,译. 北京:北京经济学院出版社,1992.

[25]苏敏. 浅谈如何提高新员工培训的效率[J].人力资源管理,2014(03):148.

[26]唐丽霞. 循环经济理念下的人力资源管理策略优化与创新[J].营销界,2023(23):47-49.

[27]田丽平. 数字经济时代人力资源管理创新策略探析[J].产业创新研究,2023(24):159-161.

[28]王贵军,丁雯,李明昱. 招聘与录用[M].2版. 大连:东北财经大学出版社,2012.

[29]王洪锋. 循环经济视域下企业加强人力资源管理的有效措施探讨[J].企业改革与管理,2023(18):74-75.

[30]王健菊,陈维敏. 大数据背景下企业人力资源招聘探析[J].中国商论,2017(36):186-187.

[31]王金威. 基于大数据分析的高校云招聘信息个性化推送研究[J].安徽电子信息职业技术学院学报,2022,21(04):25-31.

[32]王丽娟. 员工招聘与配置[M].2版. 上海:复旦大学出版社,2012.

[33]熊章军. 基于互联网大数据的招聘数据智能分析平台研究[J].科学技术创新,2020(24):91-92.

[34]薛进军.经济增长理论发展的新趋势[J].中国社会科学,1993(03):33-43.

[35]杨倩.员工招聘[M].2版.西安:西安交通大学出版社,2014.

[36]叶微微.魅力领导——开发高效能领导的完整策略[M].杭州:浙江人民出版社,2003.

[37]张培德,胡志民.员工招聘与甄选[M].2版.上海:华东理工大学出版社,2014.

[38]张琦.知识经济时代企业人力资源的变革与发展探析[J].企业改革与管理,2023(23):99-101.

[39]张逸陶.大数据对企业人力资源招聘的影响[J].现代商业,2020(34):88-91.

[40]张振寰.基于大数据面向就业岗位招聘的数据分析[J].科技资讯,2022,20(12):228-231.

[41]赵丹丹.浅析民营企业人力资源投资及风险防范[J].中外企业家,2012(21):57-58.

[42]赵建.内部劳动市场理论:人力资源管理的经济学解释[J].经济学家,2009(06):40-46.

[43]郑国柱.知识经济时代我国企业人力资源管理发展趋势[J].山西财经大学学报,2010,32(S2):195-196.

[44]周希林,陈媛.人力资源管理[M].武汉:华中科技大学出版社,2012.